Sabine Saad Al Awad

Aumentar o empenhamento dos alunos através da criatividade, da liderança e da aprendizagem social e emocional

Sabine Saad Al Awad

Aumentar o empenhamento dos alunos através da criatividade, da liderança e da aprendizagem social e emocional

ScienciaScripts

Imprint

Any brand names and product names mentioned in this book are subject to trademark, brand or patent protection and are trademarks or registered trademarks of their respective holders. The use of brand names, product names, common names, trade names, product descriptions etc. even without a particular marking in this work is in no way to be construed to mean that such names may be regarded as unrestricted in respect of trademark and brand protection legislation and could thus be used by anyone.

Cover image: www.ingimage.com

This book is a translation from the original published under ISBN 978-3-659-88910-3.

Publisher:
Sciencia Scripts
is a trademark of
Dodo Books Indian Ocean Ltd. and OmniScriptum S.R.L publishing group

120 High Road, East Finchley, London, N2 9ED, United Kingdom
Str. Armeneasca 28/1, office 1, Chisinau MD-2012, Republic of Moldova, Europe
Managing Directors: Ieva Konstantinova, Victoria Ursu
info@omniscriptum.com

Printed at: see last page
ISBN: 978-620-2-59857-6

ÍNDICE DE CONTEÚDOS

Reconhecimento

Em primeiro lugar, gostaria de agradecer à Universidade de Leicester, School of Management, por nos ter ensinado um programa de MBA muito rigoroso, mas agradável e enriquecedor, que não só desenvolveu a minha carreira, mas também a minha personalidade e a minha vida como um todo.

Em segundo lugar, gostaria de agradecer à Universidade do Qatar que me deu a oportunidade de realizar entrevistas quantitativas e qualitativas com estudantes, professores e diretores de unidades. Agradeço igualmente o apoio da Faculdade de Direito a este projeto. Além disso, agradeço a orientação e os conselhos de vários professores importantes da Universidade do Qatar que apoiaram este projeto.

Acima de tudo, sinto-me grata pela bênção ilimitada que Deus me deu ao dar à luz e ao criar dois filhos saudáveis e felizes enquanto estudava, trabalhava e fazia malabarismos com os deveres da vida.

A minha missão continuará com a mesma aspiração de melhorar a qualidade da educação no mundo para uma qualidade de vida progressiva e sustentável, mais oportunidades de trabalho e paz.

Desejo-vos uma leitura agradável.

Sabine Saad Al Awad

MBA em TQM (com mérito) Universidade de Leicester, Reino Unido

Resumo executivo

O empenho, a atenção e a concentração são objectivos de excelência e qualidade exigidos na vida, na carreira e, mais especificamente, na aprendizagem e na educação. Estando sujeitos a distracções de vários tipos, como tecnológicas, sociais, físicas e psicológicas, os estudantes são mais do que nunca desafiados a manter elevados níveis de empenho e dedicação nas universidades e instituições de ensino.

A participação dos estudantes (SE), um indicador primário da qualidade no ensino superior, tem sido muito importante para a Universidade do Qatar para melhorar a taxa de sucesso dos estudantes, a classificação da universidade e a competitividade. Tendo de cumprir a sua Visão Nacional 2030, o Qatar colocou uma responsabilidade incomensurável no sector da educação para fornecer recursos humanos de qualidade à sua economia. Espera-se que os estudantes sejam empregadores e cidadãos altamente empenhados, eficazes, produtivos, éticos e inovadores, antes e depois de se formarem. Para tal, é necessário que os estudantes sejam dotados não só de competências académicas, mas também de competências emocionais, sociais, de liderança e de criatividade.

Uma vasta revisão da literatura sobre este tema tornou explícita uma relação estreita entre a educação sexual, a criatividade, a liderança e a inteligência emocional. Este estudo triangulado, realizado na Universidade do Qatar (a única e maior universidade nacional) em fevereiro de 2015, provou que o envolvimento dos estudantes aumenta quando a criatividade, a liderança e a inteligência emocional aumentam separadamente ou em conjunto. Foram concluídas outras relações espúrias, como a correlação positiva entre o nível de desafio académico, a criatividade e a inteligência emocional, por um lado, e a aprendizagem colaborativa ativa, a criatividade e a liderança, por outro.

Este estudo pode ser uma iniciativa transformacional, para pôr em prática um plano de implementação que gradualmente e de forma incremental realiza as mudanças necessárias, tendo em consideração as actuais variáveis sócio-psicológicas, culturais e outras variáveis ecológicas que afectam largamente a ES.

1. INTRODUÇÃO

1.1 . Antecedentes

No contexto da globalização, da elevada concorrência e da ênfase na sustentabilidade através da melhoria da eficácia e do pensamento sistémico, é amplamente reconhecido que o desenvolvimento social e económico é largamente moldado pela qualidade dos recursos humanos fornecidos pelas instituições de ensino (Senge, 2012).

Hoje em dia, já não é suficiente que as instituições de ensino sejam apenas fornecedoras de conhecimentos académicos, mas é-lhes igualmente exigido que desenvolvam as competências pessoais, sociais e transversais dos estudantes, para além da compreensão ambiental, ecológica e sustentável, a fim de alcançarem efetivamente o crescimento pessoal, social e económico (Shephard, 2008; Senge, 2012; Daggett, 2014).

Com o objetivo de formar estudantes capazes de atingir eficazmente os objectivos nacionais, as instituições de ensino estão, mais do que nunca, a tornar-se os principais influenciadores do progresso económico e da sustentabilidade da sua sociedade (Neophytou, 2013).

As instituições de ensino superior no Qatar e em todo o mundo procuram formas de melhorar a qualidade e a eficácia educativa das suas instituições (Al-Thani, et al., 2014); isto inclui os resultados da aprendizagem e a avaliação, que afectam diretamente a motivação e o envolvimento dos estudantes (SE).

A investigação mais recente discute que os resultados da aprendizagem e os programas curriculares devem abranger, em primeiro lugar e essencialmente, os resultados afectivos que activam as emoções dos alunos para um melhor envolvimento, interesse e motivação para a aprendizagem (Shephard, 2008). Isto implica que as instituições de ensino transmitam os valores, as crenças, as atitudes e os comportamentos que ajudam os alunos a estarem motivados, empenhados e com uma maior predisposição para a aprendizagem (Shephard, 2008; CASEL, 2014; Character, 2010).

A qualidade não deve ser referida como um conjunto de normas fixas que são copiadas de contextos totalmente diferentes, mas é sobretudo construída de forma incremental e integra as melhores práticas e melhora continuamente um sistema que é criado e moldado pelo quadro contextual e ambiental em que será aplicado (Leicester, 2011).

As universidades também negligenciaram muitas vezes a perceção dos estudantes como clientes e consumidores dos seus próprios serviços, afectados pelo seu próprio esforço, estudo e sucesso, em que os estudantes compram o valor percebido dos seus diplomas (Eagle e Brennan, 2007).

1.2   Importância deste estudo

Tal como se depreende do título deste estudo, o objetivo principal desta investigação é aumentar o envolvimento dos estudantes no sector do ensino superior público no Qatar, tendo em consideração os contextos local e internacional. Vários objectivos e estratégias nacionais no Qatar mostram sinais claros de iniciativa do governo para melhorar os padrões sociais e educativos, como se segue:

- A Visão Nacional do Qatar 2030 (Secretariado Geral para o Planeamento do Desenvolvimento, 2011) estabeleceu dois pilares de quatro, relacionados com o desenvolvimento social e o desenvolvimento humano.

- O relatório "Qatar, World data on education report" elaborou vários objectivos relacionados com o desenvolvimento dos cidadãos para adquirirem competências sociais, inovadoras, de abertura de espírito e outras competências transversais (International Bureau of Education, 2010).

- O "relatório sobre o bem-estar das crianças" no Qatar (Secretariado-Geral para o Planeamento do Desenvolvimento, 2010) colocou a tónica no desenvolvimento emocional e cognitivo das crianças desde a mais tenra idade. Este tópico é importante, uma vez que a qualidade do início da vida afecta a personalidade e a predisposição para traços de liderança (Oliver et al., 2011).

- A iniciativa da "Cimeira Mundial da Inovação na Educação" da Fundação do Qatar visa melhorar os padrões educativos no Qatar e em todo o mundo, no sentido de uma maior inovação e criatividade através da investigação, da parceria e do diálogo internacional (WISE, 2014).

- O Conselho Superior da Educação definiu uma estratégia que propõe reformas ambiciosas para uma melhoria contínua no sentido de um sistema educativo sustentável e holístico.

A estratégia tem como principal objetivo desenvolver o sector da educação no Qatar, tanto nas "dimensões académicas como não académicas da aprendizagem" (Conselho Superior da Educação, 2015).

- O sector do ensino superior no Qatar está a exigir mais investigação e pesquisa para encontrar medidas de melhoria das taxas de retenção dos estudantes, das taxas de graduação e do sucesso académico (Universidade do Qatar, 2015).

- Al-Thani et al. (2014) salientaram que "a reforma educativa na Universidade do Qatar (QU) foi um fracasso na resposta às necessidades mais críticas da sociedade do Qatar", para além de que a maioria dos empregadores referiu que os diplomados da QU não cumpriam os "padrões de emprego".

- A falta de criatividade e a sua institucionalização pela maioria das universidades árabes foi levantada como uma questão premente que deve ser resolvida por (Achouwi et al., 2010). Este último estudo regional realça a importância da criatividade no desenvolvimento das nações árabes, onde a maioria dos docentes das universidades trata a investigação como um meio de promoção, ganho financeiro e dever, em vez de ganho de conhecimento ou desenvolvimento pessoal e social.

1.3 Teoria e fundamentação do estudo

Figura 1- Teoria

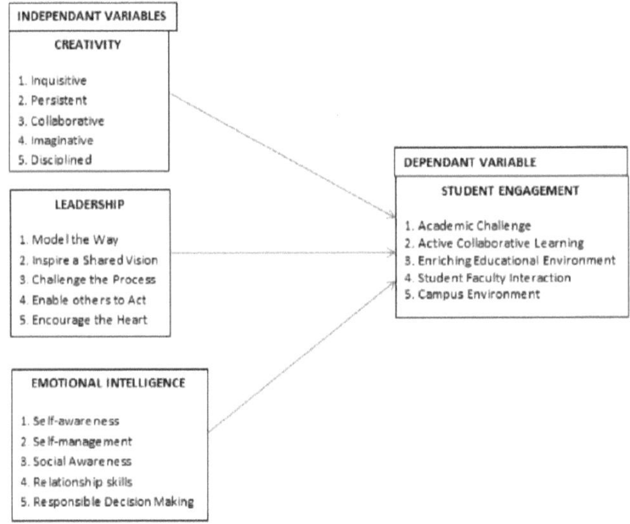

A teoria principal deste estudo, como mostra a Figura 1, sobre 'Aumentar a SE através da Criatividade, Liderança e Aprendizagem Social e Emocional' foi explorada através da dissecação da definição de SE com base no modelo de McCormick et al. (2013) para o National Survey of Student Engagement (NSSE), onde encontrei relações diretas e indirectas entre as caraterísticas da SE e outras variáveis, nomeadamente criatividade, liderança e inteligência emocional. É de realçar que não existe nenhum estudo empírico anterior que explicite a relação entre estas quatro variáveis em conjunto. Daí a importância e a originalidade deste estudo, tanto a nível nacional (Qatar) como internacional.

A criatividade a nível pessoal e a inovação a nível organizacional são fontes essenciais para a geração de ideias, a resolução de problemas e a luta contra a concorrência (de Jong, 2013). A investigação contemporânea salienta que os currículos já não devem ser estandardizados ou restringir a participação ou o pensamento dos alunos. Pelo contrário, os currículos devem oferecer espaço para a criatividade, a resolução de problemas, a reflexão, o pensamento crítico e a participação ativa

(Noddings, 2013). A criatividade é uma das armas mais essenciais para sociedades inovadoras e sustentáveis (Collard e Looney, 2014); as instituições de ensino são responsáveis por ensinar aos alunos a criatividade através da integração do seu conceito no currículo (ibid).

A liderança também se tornou uma competência essencial exigida pelos estudantes nos seus estudos, bem como na sua vida profissional e pessoal. Ajuda-os a serem motivados por objectivos inspiradores, nobres, cooperativos e sustentáveis, a adquirirem o conjunto de valores e crenças que são altamente considerados pela sua sociedade e a terem a postura necessária para atingir objectivos a curto e longo prazo (Posner , 2012). Atualmente, o corpo docente "deve ser apoiado tanto pela liderança instrucional como pela liderança organizacional" para facilitar a aprendizagem dos estudantes (Daggett, 2014). Stenberg (Sternberg, 2006) defende que a "liderança educativa positiva" deve ser construída com base no modelo WICS de "sabedoria, inteligência, criatividade, síntese", que será abordado no Capítulo 2.

Os estudos contemporâneos sobre a inteligência humana sublinham a importância da Inteligência Emocional (IE) e o seu impacto no desempenho e na eficiência pessoal (Neophytou, 2013). Além disso, é extremamente importante integrar técnicas psicológicas modernas, como a IE, como uma reforma para fazer avançar o ensino e a educação

atualmente (ibid). A IE é uma competência essencial, necessária para definir, avaliar e atuar no sentido de emoções maduras, equilibradas e desapegadas (Goleman, 1995). Aplicada desde há cerca de duas décadas, a aplicação da Aprendizagem Social e Emocional (ASE) nas escolas provou ter benefícios incomensuráveis para os alunos e para o seu desempenho académico, bem como para a sua motivação para aprender e para o clima escolar como um todo (Bridgeland et al, 2013). A ASE também tem sido argumentada para melhorar a adaptação dos alunos e a implementação de programas de gestão da qualidade total (TQM) (Argia e Aziah, 2013).

1.4   Hipóteses

O objetivo desta investigação é testar as hipóteses abaixo mencionadas através da análise de dados quantitativos, qualitativos e secundários;

A)   Quando a criatividade dos alunos aumenta, o seu envolvimento aumenta.

B)   Quando a liderança dos alunos aumenta, a participação dos alunos aumenta.

C)   Quando a inteligência emocional ou a aprendizagem social e emocional dos alunos aumenta, a participação dos alunos aumenta.

identificada por Zepke e Leach (2010), que é muito semelhante aos atributos da NSSE; no entanto, Zepke e Leach acrescentam traços de inteligência emocional, como a autoconfiança, a autodeterminação e a consideração pelo equilíbrio entre a vida académica e pessoal, as responsabilidades pessoais e as circunstâncias pessoais. Zepke e Leach também discutem a importância de ter uma cultura que demonstre apreço, reconhecimento e recompensa pelas contribuições e ideias originais dos estudantes, o que está relacionado com os traços de liderança transformacional (Harrison, 2011).

Middlecamp (2015) define a educação sexual como a compreensão das necessidades práticas e de aprendizagem dos estudantes para criar uma experiência de aprendizagem interessante e interactiva;

Os professores devem ter uma mente aberta às perguntas dos alunos e integrar experiências da vida real, como a ligação a temas actuais que correspondam ao material didático (ibid). O envolvimento também exige uma interação genuína com os alunos através da partilha de experiências e histórias pessoais relevantes, demonstrando empatia. Isto implica compaixão, humildade, coragem e atualização contínua dos recursos didácticos (ibid). Por conseguinte, os professores não devem apenas transmitir conhecimentos académicos excepcionais aos alunos, mas devem também adquirir boas competências transversais que os façam criar laços com os alunos e os motivem a aprender sobre as matérias em questão.

O envolvimento tem sido referido como uma "arte" que exige um esforço simultâneo tanto dos alunos como dos educadores (Middlecamp, 2005). Sternberg (2006) refere-se ao mesmo como "sabedoria", Posner (2012) chama-lhe inspiração e visionamento, e Lucas (2012) imaginação. De facto, as "artes visuais e a poesia" têm sido utilizadas como estimuladores da IE no ensino empresarial, em que os professores integram essas ferramentas no material didático para que possam ser activados melhores resultados sociais, inspiradores e afectivos, a fim de facilitar a aprendizagem e o ensino (Morris, et al., 2005).

A identidade cultural, em grande medida moldada pela interação social e pelo intercâmbio de crenças, atitudes e valores, tem um enorme impacto nas interações dos estudantes entre si e com os seus tutores (Stokoe , et al., 2013). Uma análise psicológica profunda das conversas e interações dos estudantes em várias universidades britânicas revelou que as comunicações, interações e atitudes negativas, irónicas e resistentes foram trocadas e provaram ter efeitos prejudiciais no desempenho e no empenho dos estudantes (ibid). Revelou também que os estudantes que são positivos e têm um desempenho superior tentam esconder a sua ambição, postura e realização num ambiente deste tipo (ibid), minimizando indiretamente o seu desempenho. O pragmatismo social mais amplo e a negatividade também se revelam nesta cultura (ibid), podendo questionar-se por onde começar a curar este ciclo negativo, em que qualquer tentativa de influência positiva ou negativa pode ter um efeito direto no empenhamento.

2.16 Criatividade

A criatividade está associada aos níveis mais elevados de realizações, desempenho e exploração de todo o potencial do ser humano (Sawyer, 2012). A criatividade está associada à capacidade de um indivíduo para explorar, identificar e optar por juntar elementos e pensamentos que nunca foram colocados juntos (Sawyer, 2012). Harding (2010) defende que existem dois tipos de Criatividade, a primeira é a criatividade construída, relacionada com a junção de várias realidades ou a adição de uma nova ideia a uma realidade existente de forma a responder a uma questão específica ou a resolver um problema, a segunda é a criatividade radical, que traz uma realidade totalmente nova ou uma criação que nunca existiu antes.

Na investigação e desenvolvimento empresarial, a criatividade e a inovação servem para melhorar ou criar novos produtos, serviços, processos ou modelos de negócio que sejam altamente necessários e apreciados pelos utilizadores (Universidade de Leicester, 2012). A criatividade está relacionada com o nível individual para gerar novas ideias, enquanto a inovação está relacionada com a inter-relação ao nível da equipa para gerar e comercializar novas soluções (citado em Gumusluoglu e Ilsev, 2009). Nesta era globalizada, tanto a criatividade como a inovação estão a tornar-se as fontes mais vitais para a sustentabilidade e competitividade através da criação de uma vantagem competitiva (de Jong, 2013).

O Islão refere-se à criatividade como "Bid'ah" ou ibda', e ao pensamento crítico e à reflexão como "ijtihad" (Zarif et al., 2013). Ambos os atributos são originalmente muito importantes para o avanço da sociedade muçulmana (ibid). No entanto, a "Bid'ah" ou ibda' foi incorretamente conceptualizada durante muito tempo, ao ponto de ter perdido o seu verdadeiro sentido, significado e importância, tendo sido substituída por crenças e atitudes estáticas e estagnadas por parte dos praticantes muçulmanos (ibid). Atualmente, as iniciativas islâmicas contemporâneas estão a tentar reavivar e comunicar o verdadeiro significado e valor de ibda', numa tentativa de manter uma abordagem sustentável, progressiva e holística (Zarif et al., 2013).

Collard e Looney (2014) associam a criatividade ao "desejo de auto-expressão e identidade; os indivíduos criativos são capazes de explorar e compreender o seu mundo interior de sentidos que acumulam a partir das interações sociais e do conhecimento. O conhecimento é essencial para a verificação e a implementação de ideias criativas (ibid). Atribui-se-lhes também a capacidade de adquirir "auto-eficácia criativa", relacionada com a autoconfiança e a crença na capacidade de abordar temas intelectuais difíceis com uma concentração e uma compaixão notáveis (ibid). Por conseguinte, a criatividade aumenta o empenhamento e requer uma aprendizagem social e emocional associada à autoconsciência e à gestão das emoções (CASEL, 2014).

Apesar de a criatividade estar parcialmente associada a atributos e antecedentes inatos, é sobretudo adquirida e aprendida através de um ambiente propício à criatividade e à formação em pensamento criativo e resolução criativa de problemas (Baker e Baker, 2012; Harding, 2010). Baker e Baker argumentam que os estudantes adquirem uma visão incomensurável ao aprenderem o processo criativo pelo qual passam os artistas e os inventores, como analisar e contemplar o ambiente através de uma lente exploratória, pensar em todas as soluções possíveis a partir de todos os ângulos, ser persistentes e apaixonados por ideias originais e desafiantes. Baker e Baker defendem ainda que a capacidade criativa está relacionada com o trabalho árduo, a paixão, a devoção, a elevada concentração, a autodisciplina, o cuidado e a resiliência. Por conseguinte, a criatividade exige autoconsciência e gestão das emoções, de acordo com o modelo de Goleman, e também exige pensamento crítico e competências de aprendizagem de ordem superior, de acordo com o modelo da NSSE (McCormick et al., 2013), para além de competências de liderança de inspiração, capacitação, incentivo à ambição e paixão (Posner , 2012).

A criatividade dos estudantes é conceptualizada de forma diferente em diferentes países (Zhou et al., 2013). Uma comparação transcultural entre a China, a Alemanha e o Japão revelou que, embora a definição de criatividade seja semelhante entre esses países, cada um relatou um impacto diferente no sucesso académico dos estudantes devido à diferença na implementação e na importância que dão à criatividade (ibid). Por conseguinte, os planos de qualidade para melhorar a criatividade podem diferir de um país para outro.

Munakata e Vaidya (2013) defendem que a criatividade é a fonte das maiores invenções e criações naturais em todo o mundo. Munakata & Vaidya defendem que os currículos devem ser construídos em torno do aumento da criatividade dos estudantes através da investigação, do ensino personalizado e insipiente e de cursos que sejam aliciantes para as competências de aprendizagem de ordem superior, o que está relacionado com a ES.

Para Collard e Looney, 2014, não é apenas importante ser criativo, mas o produto e o resultado da criatividade devem ter valor, praticabilidade e usabilidade, pelo que devem estar ligados às necessidades sociais, tal como discutido no modelo de liderança de Posner (2012) para "inspirar uma visão partilhada".

As pessoas criativas não encaram os constrangimentos e os recursos limitados como inibidores, mas sim como "recursos e regras" disponíveis que as levam a procurar outras oportunidades (Gibbert e Scranton, 2009). Isto requer "autoconsciência, autogestão e "competências de tomada de decisão responsável", discutidas no modelo SEL CASEL, e está relacionado com o nível de desafio académico discutido no modelo NSSE. Do mesmo modo, de Jon (2013) salienta o ato de tomar decisões, a determinação e a autoconfiança para defender e seguir com dedicação um caminho criativo específico.

Além disso, a criatividade exige a assunção de riscos, a exploração de recursos, a curiosidade, a determinação, a atitude positiva, a dedicação e uma boa gestão da tensão para determinar e aproveitar as oportunidades disponíveis (Tapsell & Woods, 2010). Isto requer elevadas competências de IE.

Sidney Parnes (citado em Sisk, 2014) discute o poder da visão, do sonho e da imaginação, que pode ser associado ao modelo de liderança de Posner (2012) para "inspirar uma visão partilhada" e "encorajar o coração". Do mesmo modo, McManus (2014) também sublinha que os estudantes devem aprender a importância dos sonhos e das visões, o seu impacto nos outros e no progresso e sustentabilidade do mundo, considerando assim as dimensões éticas (McManus, 2014). Ser ético exige que uma pessoa tenha "consciência social" e "competências de tomada de decisão responsável", tal como discutido no modelo CASEL de Goleman, 2014.

O otimismo é um mediador da criatividade e da realização de objectivos ambiciosos (Rego et al., 2012). As organizações que contam com trabalhadores com emoções positivas são altamente inovadoras, empenhadas e progressivas (ibid). Os optimistas estão mais motivados e empenhados em prosseguir a sua visão através de meios e estratégias criativas, ultrapassando a tensão que surge ao longo do processo de crescimento (ibid). É a autogestão entre as emoções negativas, designadas por "afeto negativo", e as emoções positivas que se tem revelado um dos mais importantes facilitadores da criatividade e da resolução de problemas (ibid). Isto está relacionado com as competências de IE e CASEL, especialmente as competências de "auto-consciência" e de "auto-gestão".

2.17 Liderança

A liderança estudantil é definida neste estudo e no questionário que se refere ao modelo "Student Leadership Practice Inventory (S-LPI)" desenvolvido por Kouses e Posner, 2003 (citado em Posner, 2009; Posner, 2012) com base em cinco comportamentos essenciais exibidos pelos estudantes; Em primeiro lugar, os estudantes devem "modelar o caminho" e comunicar os seus valores, crenças e objectivos comuns à sociedade. Em segundo lugar, os estudantes devem "inspirar uma visão partilhada" ao imaginarem o futuro, relacionando-o com objectivos nobres partilhados e persuadindo os seus colegas a seguirem essas aspirações. Em terceiro lugar, os alunos devem "desafiar o processo", tomando a iniciativa de tirar partido das oportunidades, procurando novas formas de melhorar as coisas e aplicando o que aprenderam através da experimentação para alargar os seus conhecimentos. Em quarto lugar, os alunos devem "permitir que os outros actuem", interagindo e colaborando eficazmente com base na confiança mútua, no respeito e na transparência. Em quinto lugar, os alunos devem "encorajar o coração", manifestando o seu apreço pelas realizações dos colegas e inspirando-os a ajudarem-se mutuamente e a trabalharem em conjunto.

O Islão refere-se à liderança como as acções e comportamentos implementados que cumprem determinados requisitos legais e éticos e têm em consideração aspectos psicológicos e morais para atingir objectivos sustentáveis e holísticos (Hassan et al., 2011). Para construir uma relação forte entre o líder e o seguidor, o líder tem de provar, através de acções e comunicação, que persegue valores eticamente partilhados para atingir objectivos elevados. Por conseguinte, a comunicação, a colaboração, a gestão de relações, a consciência pessoal e social são essenciais para cumprir os objectivos de liderança islâmica declarados e estes atributos podem ser desenvolvidos nos estudantes através da ASE e de outros programas de liderança.

Harrison (2011) discute a importância da liderança transformacional e os seus resultados nos estudantes, tais como maior motivação, "auto-atualização", originalidade, melhor aprendizagem, inspiração, estimulação intelectual, orientação visionária, atenção individualizada e envolvimento dos estudantes e do corpo docente; isto acentua ainda mais o possível impacto da liderança na educação sexual.

Sternberg (2006) argumentou que uma 'liderança educativa positiva' bem sucedida requer 'Sabedoria, Inteligência e Criatividade, Sintetizadas' (WICS). Stenberg definiu a sabedoria como a capacidade de tomar decisões equilibradas que tenham em conta objectivos pessoais, sociais e outros objectivos mais elevados que sirvam tanto objectivos a curto como a longo prazo, sendo ao mesmo tempo justas, equitativas e tirando o máximo partido da situação em causa. Stenberg considera a inteligência como tendo múltiplas inteligências que combinam competências e conhecimentos académicos, inteligência emocional, inteligência prática e outros tipos de inteligência. Stenberg sublinhou a relação entre criatividade e liderança, que se manifesta através de várias acções e comportamentos, tais como a definição de problemas, a competência para analisar e escolher a solução mais eficaz, a atenção e o alerta para as necessidades sociais e ambientais, as capacidades de persuasão, a confiança para agir ou a estagnação explícita, a superação de obstáculos, a tolerância à ambiguidade e a aprendizagem ao longo da vida. Enquanto a síntese está relacionada com a adoção de uma perspetiva, de uma decisão e de uma ação unificadas que assegurem simultaneamente as exigências do Estado em matéria de "sabedoria, inteligência e criatividade". O acima exposto afirma a relação entre liderança e criatividade de um lado, liderança e inteligência emocional de outro e liderança e SE devido aos atributos comuns entre SE e o modelo de liderança acima referido.

Sternberg (2013) observou quatro tipos principais de personalidade de liderança na administração académica, que vão desde o estilo extremamente autoritário ao estilo laisser-faire. O estilo mais recomendado é um estilo moderado que assegura o equilíbrio entre autoridade e liberdade e incentiva a cooperação e a consideração das necessidades dos docentes e dos estudantes para aumentar o empenhamento. Os líderes são por vezes forçados a adotar ocasionalmente um estilo extremista, como o estilo autoritário ou transacional, em caso de recursos limitados ou de conflito intenso (Sternberg, 2013 e Trowler, 2013). Por conseguinte, a liderança exige competências de inteligência emocional para saber que estilo deve ser aplicado com base na situação em causa, o que, por sua vez, afecta o empenho.

A liderança, o envolvimento e a mudança estão inter-relacionados. Os planos de implementação da liderança devem basear-se numa comunicação bidirecional, alinhada com as identidades organizacionais e pessoais dos estudantes e do corpo docente (Trowler, 2013). Esses planos devem integrar ferramentas de aprendizagem que visem melhorar valores e atitudes, empregando práticas de ensino que afectem emocionalmente os alunos nos resultados desejados (ibid). Por conseguinte, a liderança educativa consiste em desenvolver e considerar os resultados afectivos e emocionais que facilitam a aprendizagem e o envolvimento dos estudantes.

Os valores e crenças do contexto cultural afectam a forma como as pessoas aceitam alguns estilos de liderança mais do que outros, uma vez que os seguidores estão habituados a contextos culturais específicos, estilos de comunicação, ordens e afirmação de identidade (Jogulu, 2010). Por conseguinte, os planos que visam melhorar a ES devem respeitar e corresponder aos estados ecológicos, culturais, comportamentais e atitudinais prevalecentes nos estudantes.

Goleman et al. (2009) sublinham que as emoções positivas dos líderes são vitais para moldar e manter as relações. Argumentam que os líderes servem de "guia emocional" onde os seguidores procuram orientação a partir das vibrações que emanam do líder, especialmente em tempos de crise, quando procuram tranquilidade e segurança. Os líderes devem desenvolver o seu otimismo, confiança e capacidade de produzir e comunicar vibrações positivas. Por conseguinte, a liderança é afetada pelo nível de IE, que pode ser melhorado através da positividade e da liderança.

Davies e Brighouse (2010) defendem que a liderança deve ser apaixonada, que se trata de "fazer a diferença" em cada criança, que se trata de cuidar, encorajar e valorizar os atributos e o potencial dos alunos e mostrar-lhes que têm um papel vital na melhoria das suas sociedades. Os líderes apaixonados não se alimentam apenas de conhecimentos, mas sobretudo de amor, compaixão, coragem, cuidado e justiça para todos (ibid). Os líderes apaixonados estabelecem objectivos holísticos e motivadores, comunicam valores morais elevados e aplicam normas éticas para si próprios, estabelecem objectivos exequíveis, bem comunicados e claros (Hassan et al., 2011), reconhecem e celebram os êxitos e a originalidade dos estudantes, estão aqui para fazer uma diferença positiva no mundo (Davies e Brighouse, 2010). Estas competências de liderança podem melhorar a colaboração, a interação e a experiência educativa enriquecedora referidas no modelo da ES.

Trowler (2013) argumentou que é fundamental aumentar a SE e a "congruência" comportamental, afectiva e cognitiva dos estudantes em relação à sua universidade, uma vez que os estudantes não empenhados ou que se opõem são contraproducentes para os esforços das universidades. A educação sexual é uma preocupação comum que afecta os estudantes, o corpo docente, as universidades e o desenvolvimento económico (ibid). É através de uma liderança partilhada e colaborativa que as universidades podem aumentar o sucesso dos estudantes e a ES (citado em Trowler, 2013).

A liderança tem sido estreitamente relacionada com a ASE e a Inteligência Emocional (IE), uma vez que ambas colocam a tónica no desenvolvimento de competências cognitivas, sociais, emocionais e de tomada de decisões (Harms e Crede, 2010).

Harding (2010) defende que a mudança exige imaginação, que está diretamente associada à criatividade e à liderança. Os líderes não se baseiam apenas na sua própria criatividade, mas também validam as suas respostas através da interação social e reflectem e baseiam-se nos seus conhecimentos existentes para encontrar várias possibilidades para um problema e utilizar os seus conhecimentos em situações da vida real (ibid). Isto está relacionado com o modelo de colaboração, interação, apoio e ambiente enriquecedor da NSSE (McCormick , et al., 2013). Além disso, uma vez que a mudança e a reforma são altamente necessárias no sector do ensino superior no Qatar, a criatividade e a liderança são essenciais não só para aumentar o SE, mas também para promover a mudança, o desenvolvimento e a reforma.

Dagget (2014) argumenta que, uma vez que o mundo está a tornar-se altamente volátil e dinâmico, e uma vez que o sucesso económico depende do sucesso académico, tanto os professores como os estudantes devem aprender competências que assegurem a sustentabilidade e competitividade, "os professores devem ser apoiados pela liderança instrucional e pela liderança organizacional" e os estudantes devem aprender competências profissionais e transversais. Dagget defende que as instituições de ensino devem funcionar como um sistema estreitamente inter-relacionado. Por conseguinte, a liderança ajuda a base de um sistema de qualidade que deve criar um elevado nível de SE como pré-requisito para o funcionamento eficiente do sistema.

Uma investigação empírica que estudou a conformidade de vários professores de escolas jordanas com as competências de liderança e criatividade nas salas de aula, relatou que existe uma elevada correlação entre as pontuações de liderança elevada auto-relatadas e as pontuações de criatividade auto-relatadas (Al-Karasneh e Jubran, 2013). Por conseguinte, os dados empíricos mostram que a criatividade e a liderança estão altamente associadas.

2.18 Aprendizagem social e emocional

A Organização Mundial de Saúde e muitos apelos internacionais destacam a importância do otimismo e da psicologia positiva para o bem-estar geral, a saúde e a prosperidade dos países (Ecclestone, 2012). De acordo com os planos para alcançar estes objectivos, a inteligência emocional e a educação do carácter (Character, 2010) têm sido destacadas como fundamentais para esta reforma (ibid). Da mesma forma, a introdução da IE e o reconhecimento da sua importância no sistema educativo através da integração no material didático e no recrutamento e avaliação dos professores têm sido defendidos como uma reforma necessária para melhorar o desempenho educativo (Neophytou, 2013)

Hoje em dia, já não é aceite que as instituições de ensino suprimam os aspectos emocionais do processo de aprendizagem e dos currículos (Dixon, 2012). As instituições de ensino dos países industrializados, como o Reino Unido e os Estados Unidos, introduziram a transmissão da inteligência emocional e das competências de "bem-estar e resiliência" nos currículos desde o final do século XIX, por reconhecerem o seu impacto no bem-estar económico e social geral (Dixon, 2012).

A ASE é um quadro holístico para o desenvolvimento dos "conhecimentos, atitudes e competências" dos alunos, que são necessários para 1) compreender e definir emoções, e valorizar o valor próprio e a originalidade, 2) reconhecer e regular as próprias emoções, 3) ter empatia, cuidado e objetividade para com os outros, especialmente de culturas e origens diversas, 4) ter a capacidade de estabelecer e manter relações saudáveis e frutíferas com os outros, 5) escolher decisões maduras e responsáveis que estejam em linha com as normas éticas e sociais, servindo objectivos de curto e longo prazo de forma sustentável (CASEL, 2014).

Por outras palavras, a ASE é o desenvolvimento das competências de Inteligência Emocional (IE) dos alunos através das instituições de ensino (Hart et al., 2013). Um estudo empírico que testou o reconhecimento da ASE nas escolas americanas pelos educadores mostra que a ASE é considerada valiosa para o estudo, a vida e a carreira dos alunos por cerca de 95% dos professores inquiridos (ibid). A implementação bem sucedida do conceito de ASE requer a integração no currículo e a sua obrigatoriedade, bem comunicada e apreciada pela direção, de modo a ser reconhecida e bem implementada pelos educadores (Elias e Moceri, 2012).

O feedback dos professores indica que a ASE traz vários benefícios para o desempenho global das universidades, uma vez que melhora o desempenho académico, a relação entre os estudantes, os professores e a gestão e, por conseguinte, a criação de um ambiente educativo positivo e frutuoso (Hart et al., 2013). Isto é semelhante aos requisitos do modelo da NSSE (McCormick , et al., 2013) para melhorar a "interação entre estudantes e professores" e o ambiente educativo de apoio. Os benefícios da ASE também abrangem a taxa de sucesso dos estudantes, o empenhamento pessoal e social, a aprendizagem em serviço e a adaptação aos programas de gestão da qualidade total (Argia e Aziah , 2013).

A implementação bem sucedida da ASE requer uma forte crença, empenho e confiança na aplicação desta abordagem por parte dos professores, uma vez que estes controlam o contacto e o impacto do serviço nos alunos e podem afetar a forma como o serviço (aprendizagem) é transmitido aos alunos (Brackett et al., 2012). Além disso, a implementação da ASE é afetada pela cultura geral das instituições de ensino e deve ser adoptada também pela direção e pelos funcionários (ibid), para que os estudantes possam ser imersos neste conceito e acreditar mais nele. Por conseguinte, o recrutamento e a formação do corpo docente, da direção e dos funcionários devem estar em conformidade com a ASE e com o conceito proposto neste estudo, a fim de criar uma cultura escolar coerente e holística.

A educação do carácter é também um plano educativo que estimula a inteligência emocional dos alunos; foi introduzida há cerca de duas décadas (Character, 2010) para promover um ambiente de aprendizagem positivo para os alunos, onde estes se sintam seguros, protegidos, amados, ligados, bem orientados e motivados por valores morais fundamentais como o respeito, a gratidão, a integridade, a justiça, o trabalho árduo e a grandeza. O conjunto de valores e crenças que se pretende partilhar não é fixo e não deve ser copiado de diferentes contextos ou sociedades, no entanto, estes valores são construídos "quando os membros de uma escola, juntamente com a comunidade local, se reúnem para determinar os valores fundamentais que partilham" (Character, 2010). São propostos onze princípios para uma implementação e integração excepcionais dos "valores fundamentais" (ibid). Isto pode estar relacionado com as competências de liderança defendidas por (Posner , 2012), que destacam a transmissão de valores inspiradores.

Muitos outros centros internacionais, como o Yale Center for Emotional Intelligence (2015), têm trabalhado em projectos semelhantes que aumentam o bem-estar emocional, o envolvimento, o sentimento de segurança, a confiança e o nível de felicidade dos alunos. O Centro de Yale desenvolveu uma abordagem para integrar e ensinar a aprendizagem social e emocional através da

"Abordagem da Régua" que se baseia na criação de salas de aula emocionalmente saudáveis e vibrantes que ensinam aos alunos como as suas emoções têm impacto nas suas transacções diárias, decisões, desempenho e saúde (Yale Center for Emotional Intelligence, 2015).

Elias e Moceri (2012) salientaram que a implementação da ASE só se tornou mais eficaz quando foi integrada no currículo e quando as instituições de ensino e os professores reconheceram e comunicaram a importância da ASE. Por conseguinte, a associação de Goleman mudou o nome da sua associação de SEL para CASEL, a fim de destacar este importante pré-requisito (ibid).

Elias e Moceri, 2012, também destacaram duas razões principais para a lenta disseminação e implementação da ASE nas escolas americanas, primeiro devido à falta de conhecimento dos professores sobre os princípios da ASE e a sua aplicação no mundo real do ensino, segundo devido à reduzida comercialização da ASE, teorias, princípios e valores entre estudantes e professores (ibid).

Os estudantes com níveis elevados de IE apresentam uma menor "Apreensão da Comunicação Intercultural" (Fall et al., 2013). Isto porque quando uma pessoa sabe como comunicar, relacionar-se e manter relações com outras pessoas de diferentes origens, terá menos dificuldade em criar laços com elas e envolver-se em interesses semelhantes (ibid). E uma vez que as instituições de ensino superior no Qatar se orgulham de um ambiente altamente diversificado e multicultural partilhado entre estudantes, professores e gestores, é, por conseguinte, extremamente importante melhorar a "competência intercultural".

Apreensão de comunicação' através da IE, a fim de melhorar a interação entre estudantes e professores e a vida no campus em geral, necessária para níveis elevados de SE.

Um estudo empírico que testou a relação entre a IE e a liderança transformacional em diferentes países provou que a IE afecta de forma diferente a liderança e os seus constituintes (Vivian Tang et al., 2010). Este facto pode estar relacionado com a ênfase ou não ênfase cultural em determinados comportamentos e atitudes. Por conseguinte, a IE tem resultados diferentes em diferentes pessoas de diferentes culturas (Vivian Tang, et al., 2010) e este facto será considerado na análise dos níveis de SE deste estudo.

Num estudo que mediu o efeito da IE no desempenho individual geral de uma população multicultural de diferentes sectores que vive no Dubai, uma cidade vizinha de Doha, no Qatar, que partilha populações, culturas e hábitos quase semelhantes, o estudo provou que os níveis de IE prevêem e se correlacionam significativamente com níveis elevados de desempenho individual (Freedman et al., 2010). Além disso, a IE correlaciona-se de forma altamente positiva com os resultados da liderança, pelo que a IE é essencial para o desenvolvimento de competências de liderança nesta região (ibid).

3.1 Introdução

Este capítulo esclarece como e porquê foram escolhidos e aplicados métodos de investigação específicos, de modo a podermos avaliar e prever a fiabilidade, a replicabilidade e a validade dos resultados (Bryman e Bell , 2007). Além disso, este capítulo tentará fornecer a exaustividade, a clareza e a credibilidade (citadas em Higgins e Suhomlinova , 2012) dos dados e dos métodos seguidos. As dificuldades e limitações também serão relatadas.

3.2 Filosofia da investigação

A presente investigação é um estudo empírico que tenta testar uma solução proposta para os baixos níveis de SE no sector do ensino superior no Qatar. A teoria geral e as hipóteses foram construídas através de uma abordagem interpretativa baseada numa revisão profunda e alargada da literatura e na observação pessoal, para além da análise de dados secundários.

O autor adoptou uma abordagem positivista para testar a teoria e as hipóteses deduzidas através de uma triangulação, combinando uma recolha de dados quantitativos através de um inquérito auto-administrado, entrevistas qualitativas semi-estruturadas agrupadas em temas e conclusões semelhantes, e análise de dados secundários que serviram de prescrição final para a direção geral.

A objetividade caracteriza a recolha de dados através de um programa de inquéritos online denominado Qualtrics, e a análise de dados através do SPSS.

Quando os dados foram recolhidos e a hipótese testada, adoptei uma abordagem indutiva para deduzir outros conhecimentos importantes que enriqueceram as conclusões. Foram encontradas outras correlações significativas e importantes entre os constituintes da variável dependente e as variáveis independentes, de modo a poder ser proposta uma solução mais direcionada para o aumento da SE.

Por último, este estudo propõe uma abordagem radical e funcionalista que questiona a forma como as instituições de ensino superior do Qatar definem, tratam, avaliam e melhoram a educação sexual e a forma como sugerem soluções práticas para a sua melhoria.

3.3 Dados quantitativos: Questionário auto-administrado

3.3.1 Métodos

Uma vez que esta investigação tem como objetivo avaliar o nível de envolvimento dos estudantes e outras competências transversais numa população relativamente grande de faculdades de ciências sociais da Universidade do Qatar (QU), considerou-se que um questionário auto-administrado (SAQ) era a abordagem mais eficiente para a recolha de dados neste contexto, tendo em conta a grande dimensão da amostra, o tempo, o custo, a viabilidade e outras limitações. Além disso, uma vez que esta investigação aborda temas relacionados com emoções, valores e comportamentos, procurou-se que este método preservasse o anonimato na recolha de dados e evitasse a intimidação dos estudantes, dadas as suas preocupações culturais e outras em relação a esses temas. O SAQ permite ainda uma análise estatística objetiva das correlações e relações entre variáveis.

Consequentemente, foi criado um questionário que inclui 48 itens, dos quais 6 itens medem informações demográficas, e carregado em inglês e árabe (Anexo A) no programa Qualtrics, que está a ser disponibilizado pela Universidade de Leicester. As perguntas principais foram desenvolvidas por mim próprio com base em quatro modelos fiáveis, recentes e compatíveis, como se segue:

1) As perguntas sobre o ES foram desenvolvidas com base nas novas medidas de envolvimento do 'National Survey of Student Engagement' (NSSE) (McCormick et al., 2013). O modelo do NSSE foi escolhido porque a QU realizou este inquérito três vezes nos anos anteriores para medir e comparar o nível de ES na QU para efeitos de melhoria.

2) As perguntas sobre criatividade foram desenvolvidas com base numa publicação educativa recente (Lucas et al., 2012) que combina e sintetiza várias definições académicas mais importantes para a criatividade dos estudantes como sendo "inquisitiva, persistente, imaginativa, colaborativa e disciplinada".

3) As perguntas sobre liderança foram elaboradas com base no modelo "Student Leadership Practice Inventory (S-LPI)" desenvolvido por Kouses e Posner, 2003 (citado em Posner, 2009; Posner, 2012), que se referia à liderança estudantil como tendo as competências para "modelar o caminho, inspirar os outros, desafiar o processo, permitir que os outros actuem, encorajar o coração".

4) As perguntas relacionadas com a inteligência emocional dos alunos basearam-se nas "Competências Essenciais de Aprendizagem Social e Emocional" desenvolvidas por um dos principais investigadores em inteligência emocional e fundador do "Collaborative for academic, social and emotional learning", Dr. Daniel Goleman (CASEL, 2014). As competências essenciais de Goleman são: "auto-consciência, auto-gestão, consciência social, capacidade de relacionamento e tomada de decisão responsável".

As perguntas foram elaboradas de forma a serem:

5) Exaustivo, de modo a abranger o conceito de todos os modelos.

6) Claro e direto ao assunto, para atrair os estudantes e aumentar as taxas de resposta.

7) Bem formulado tanto em inglês como em árabe, tendo em conta as más interpretações.

8) Compatível com o domínio educativo para aumentar a fiabilidade das respostas. O questionário foi inicialmente redigido em inglês e depois traduzido para árabe, uma vez que esta é a língua materna e oficial do Qatar.

A fim de esclarecer, encorajar e tranquilizar os participantes, o SAQ começa com uma introdução sobre o investigador/autor (eu) e uma declaração sobre os objectivos da investigação. Foi também acrescentada uma secção de informação aos participantes para esclarecer que a participação dos estudantes é voluntária, anónima e que podem deixar de preencher o inquérito em qualquer altura.

Uma vez que o inquérito se destina a medir o nível de auto-perceção de SE, criatividade, liderança e inteligência emocional, envolvendo o relato das atitudes, comportamentos e emoções dos estudantes, a escala de Likert foi escolhida como a melhor opção para este fim (Bryman e Bell, 2007) e para medir todos os itens relacionados com as principais variáveis do estudo. As perguntas sobre variáveis demográficas foram adicionadas à última parte do inquérito, incluindo: 1) a idade, 2) o género, 3) o programa em que o estudante está inscrito, 3) o ano de estudo em curso, a fim de medir a diferença no envolvimento com base nos anos de estudo, 4) Qatari ou não-Qatari, uma vez que se considera que os estudantes do Qatar têm caraterísticas demográficas e culturais semelhantes, o que pode afetar o nível de SE, 5) a faculdade em que o estudante está inscrito, uma vez que queremos saber se pode haver alguma diferença no SE entre as faculdades.

3.3.2 Técnica e dimensão da amostra

A população do estudo é constituída por estudantes de faculdades de ciências sociais da QU, que é o único fornecedor público de ensino superior no Qatar. As faculdades que participaram são: Faculdade de Direito, Faculdade de Gestão e Economia, Faculdade de Educação, Faculdade de Sharia e Estudos Islâmicos, Faculdade de Artes e Ciências. Os estudantes de todos os anos de estudo receberam um pedido de participação no inquérito, que foi enviado pelo departamento central de relações externas da QU em 30 de dezembro de 2014. A população total é de cerca de 11 000 estudantes e o total de inquiridos é de 340 estudantes que participaram aleatoriamente. Foi dado aos estudantes um prazo de cerca de duas semanas para participarem e preencherem o inquérito de acordo com a sua conveniência. O autor (eu próprio) promoveu o inquérito e incentivou a participação através de mensagens de correio eletrónico dirigidas aos professores das faculdades de Ciências Sociais, aos Assuntos Estudantis e a algumas Uniões de Estudantes. Embora o inquérito tenha sido enviado uniformemente a estudantes de ambos os sexos, cerca de 77% dos participantes são do sexo feminino e apenas 23% são do sexo masculino. Além disso, a contribuição dos estudantes do Qatar é de 58% e a dos expatriados não-Qatar é de 42%.

3.3.3 Limitações

Devido à originalidade deste estudo e ao seu objetivo de abranger um conceito amplo de TQM que combina quatro variáveis diferentes a serem testadas, não me foi possível utilizar um questionário completo previamente verificado e testado quanto à fiabilidade e validade pelos seus estudiosos. Em vez disso, tive de criar um novo questionário original em que fosse suficientemente longo para abranger todos os tópicos e suficientemente curto e simples para manter os alunos interessados em preenchê-lo. Esta não foi uma tarefa fácil e demorou quase o dobro do tempo atribuído, uma vez que o questionário foi formulado duas vezes em ambas as línguas, árabe e inglês, e enviado para aprovação ética antes de ser oficialmente distribuído.

Além disso, a perceção dos estudantes foi testada apenas através do SAQ, o que tem as suas próprias limitações quanto ao conhecimento do nível real destas variáveis subjectivas. Devido a um número limitado de palavras e de recursos, não foi incluído um questionário qualitativo para os estudantes ou uma análise de observação dos comportamentos dos estudantes. A triangulação foi feita a partir da perspetiva da gestão, a fim de se ter uma ideia alargada dos comportamentos dos estudantes e abranger os objectivos TQM deste estudo, que requer a cobertura de todos os níveis da instituição.

Apesar da conveniência, homogeneidade e consistência do SAQ na recolha de dados, existe a possibilidade de os participantes tenderem a interpretar mal ou a não compreender totalmente as perguntas ou a inflacionar as respostas, uma vez que estas envolvem autorreflexão, atitudes e sentimentos. Por esta razão, decidi triangular os resultados com a recolha de dados secundários e outros dados qualitativos.

Além disso, o SAQ preserva o anonimato dos inquiridos. No entanto, não me foi possível verificar a autenticidade dos inquiridos ao responderem às perguntas, e é aqui que reside a importância do questionário qualitativo.

Uma vez que o inquérito foi enviado durante o período de exames a meio do ano, a maioria dos membros do corpo docente, estudantes e departamentos estavam ocupados durante esta altura crítica do ano. No entanto, o inquérito foi preenchido por 340 participantes aleatórios que constituem uma amostra de cerca de 3,3% da população em causa. Não me foi possível efetuar visitas pessoais às salas de aula durante as aulas, tal como mencionado anteriormente na proposta (Anexo B), devido ao período de exames em que não há aulas.

Por último, não pude seguir com exatidão o calendário mencionado na proposta inicial (Apêndice B), uma vez que fiquei grávida e fisicamente imobilizada desde 25 de agosto de 2014. Felizmente, dei à luz uma menina saudável no [dia] 25 de maio de 2015.

3.3.4 Resultados do estudo-piloto

O estudo-piloto foi essencial e um indicador primário do interesse dos estudantes em preencher o inquérito. O estudo-piloto foi um indicador inicial da validade e da fiabilidade do questionário. Consequentemente, o inquérito foi inicialmente concebido para se dirigir a todos os níveis de gestão e aos estudantes. No entanto, devido ao estudo-piloto e ao feedback de quatro docentes e funcionários, o questionário foi refeito para se destinar apenas aos estudantes. Isto pode ser verificado na conta Qualtrics dos autores. Esta foi também a razão pela qual acrescentei as entrevistas qualitativas semi-estruturadas com a direção, que não estavam incluídas na proposta inicial desta investigação.

O segundo questionário foi testado mais uma vez com cerca de quatro membros do corpo docente, principalmente das Faculdades de Gestão e Educação, e quatro estudantes que me eram acessíveis na Faculdade de Direito, tendo sido efectuadas algumas pequenas alterações para garantir a clareza e a adequação das palavras e da linguagem. Uma vez que o questionário foi traduzido para árabe, foi revisto por um colega qualificado e por cerca de quatro estudantes da Faculdade de Direito, tendo sido efectuadas ligeiras alterações. O estudo-piloto não só garantiu que as perguntas eram compreensíveis, relevantes e claras, como também foi fundamental para moldar e orientar a conceção e os objectivos da investigação do QAA.

3.3.5 Análise de dados

Quando o inquérito foi encerrado, os dados foram transferidos do programa Qualtrics para o SPSS, que é o melhor meio disponível para o autor estudar as hipóteses propostas e efetuar a respectiva análise de dados quantitativos.

3.4 Dados qualitativos e entrevistas semi-estruturadas

A fim de obter uma perspetiva mais ampla e mais rica sobre o SE dos principais diretores da QU e tentar obter uma abordagem TQM ampla, procurei incorporar uma entrevista semi-estruturada para recolher dados qualitativos e compreender as possíveis causas profundas, práticas e outras variáveis de controlo que podem afetar ou melhorar o SE (Anexo C).

As questões abordadas visam compreender as causas percebidas pelos inquiridos para o baixo nível de SE e outras variáveis. Foi incluída uma introdução de consentimento e informação de participação para ganhar a confiança dos participantes, e as perguntas foram inspiradas no SAQ e nas hipóteses deste estudo. O convite para a participação na entrevista foi enviado por correio eletrónico a todos os reitores das faculdades participantes e a outros diretores-chave dos departamentos de Assuntos Estudantis. Realizei pessoalmente entrevistas presenciais, a fim de estabelecer uma ligação efectiva, interagir e tomar nota das respostas dos entrevistados, nomeadamente através de um processo preciso de recolha de dados, com um processo de aprendizagem bidirecional (Bryman e Bell , 2007). Foram recolhidas respostas de um total de sete inquiridos, três dos quais são das faculdades participantes e os restantes quatro são do departamento centralizado dos Assuntos dos Estudantes. As entrevistas em profundidade começaram com uma explicação consistente sobre a investigação e as variáveis a estudar. O esforço dos autores em explicar consistentemente as variáveis e as perguntas a todos os participantes da mesma forma, com base nos modelos académicos, encorajou a recolha de dados qualitativos fiáveis, credíveis e replicáveis. Foram aplicadas algumas técnicas e dicas de entrevista (Bryman e Bell , 2007), tais como perguntas de seguimento, perguntas de sondagem, perguntas de especificação, silêncio e interpretação das perguntas .

Quando a recolha de dados e a informação recolhida se tornaram saturadas e repetitivas, as entrevistas foram encerradas com um total de sete participantes.

As respostas dos entrevistados em profundidade foram relatadas por escrito de uma forma objetiva e detalhada, sem qualquer manipulação das respostas dos inquiridos. Os dados foram organizados numa folha de Excel que contém todas as respostas dos participantes num lado da folha e o outro lado foi deixado para as conclusões temáticas, como se mostra no (Anexo D).

3.5 Dados secundários

A fim de obter uma compreensão ainda mais ampla do contexto em que os dados primários foram recolhidos e ter uma ideia sobre as iniciativas da QU em assuntos relacionados com as hipóteses deste estudo, procurei integrar uma pequena secção para análise de dados secundários, destacando os resultados dos relatórios de inquéritos relacionados com a educação sexual, a aprendizagem de ordem superior e outras competências transversais, as actividades e iniciativas da QU no desenvolvimento das competências transversais dos alunos e outros dados relacionados que são essenciais para alargar o nosso conhecimento sobre o contexto em que este estudo foi realizado.

3.6 Ética

O meu empregador e objeto de estudo, a Universidade do Qatar (QU), dá grande ênfase à obtenção das aprovações necessárias do seu Conselho de Revisão Institucional (IRB) antes de realizar quaisquer inquéritos (Anexo E). Foi necessário preencher vários formulários e submeter os questionários qualitativos e quantitativos para aprovação ética, tanto em inglês como em árabe, o que me obrigou a enviar três questionários quantitativos e um qualitativo no total para realizar este estudo. Mantive o IRB a par do progresso da investigação e, por conseguinte, mantive uma boa relação de confiança e respeito pelo trabalho em curso (Anexo F). As aprovações éticas tanto da QU como de Leicester foram obtidas desde o início do estudo, por volta de abril de 2014. Mantive a entidade patronal QU actualizada sobre quaisquer alterações aos questionários quantitativos e qualitativos, com uma aprovação final dos últimos ficheiros alterados. O acesso aos dados secundários disponíveis foi também comunicado ao IRB e ao departamento de desenvolvimento institucional da QU.

4.1 . Análise de dados quantitativos

Este capítulo fornece informações aprofundadas sobre as etapas, a análise e os resultados que foram concluídos a partir do teste das hipóteses, uma vez que tenta compreender as relações entre as variáveis e outras variáveis de controlo ou subvariáveis. Também tenta estabelecer uma ligação entre o resultado relatado, a literatura e as hipóteses.

4.1.1 Transferência de dados para o SPSS

O questionário de inquérito deste estudo é composto por quatro partes principais, cada uma representando uma variável: SE, criatividade, liderança e IE. Foi também incluída uma parte final dedicada às variáveis demográficas.

Quando o inquérito foi encerrado, quando a dimensão da amostra se tornou representativa e suficiente, os dados foram transferidos do programa Qualtrics para uma folha de Excel, onde os dados foram filtrados e inspeccionados para detetar valores em falta e inválidos. Todas as perguntas/itens do SAQ receberam nomes curtos e foram agrupados de acordo com o (Apêndice G), com base nos modelos académicos que tiveram origem em (McCormick et al., 2013; Lucas et al., 2012; Posner, 2012; CASEL, 2014). Cada item/pergunta foi recodificado no SPSS com base numa escala de Likert de cinco pontos, que variava entre "Sempre" (5) e "Nunca" (1) e entre "Fiz ou definitivamente farei" (5) e "Definitivamente não farei" (1).

4.1.2 Procedimento estatístico

O SPSS foi utilizado para efetuar todas as análises e medições de frequências, médias e desvios-padrão. A correlação de Pearson foi aplicada principalmente para testar as três primeiras hipóteses, enquanto um modelo de regressão múltipla foi aplicado para testar a quarta.

A análise ANOVA e o teste t de amostras independentes foram aplicados para medir as diferenças estatisticamente significativas nas médias entre os diferentes grupos de variáveis demográficas e a força da sua relação com o SE.

4.1.3 . Fiabilidade e validade

Antes de realizar a análise do estudo, foi efectuada uma avaliação da fiabilidade e da validade através da apresentação do alfa de Cronbach e das correlações item-total corrigidas, para além da análise fatorial exploratória, a fim de determinar o nível de consistência entre as diferentes subvariáveis de cada variável dependente e independente. O alfa de Cronbach de todas as subvariáveis situou-se entre 0,63 e 0,77, que são medidas aceitáveis de acordo com Hair et al. (2006). Além disso, todas as subvariáveis tinham uma carga média de factores superior a 0,50, o que é aceitável (ibid). Apenas uma sub-variável denominada "Imaginação" (CRIM no SPSS), relacionada com a variável independente "Criatividade", apresentou um fator de carga inferior a 0,50 e foi excluída da análise posterior (Hair et al., 2006) devido à sua baixa fiabilidade. Os resultados acima referidos são apresentados no (Anexo G).

4.1.4 Caraterísticas dos inquiridos

O número total de inquiridos ou a dimensão da amostra neste estudo é de n=316 estudantes.

Como se pode ver no Quadro 1, os dados da amostra consistem em cerca de 77% de estudantes do sexo feminino inquiridos e cerca de 23% de estudantes do sexo masculino inquiridos. Cerca de 58% são estudantes do Qatar e 42% não são do Qatar. Cerca de 94% são estudantes inscritos em vários cursos de licenciatura em ciências sociais na Universidade do Qatar, enquanto 6% estão inscritos em cursos de pós-graduação ou noutros cursos de ciências sociais. Cerca de 26% estão no primeiro ano de estudo, 27% no segundo ano, 26% no terceiro ano, 14% no quarto ano, 4% no [quinto] ano e 3% noutros anos. Cerca de 35% estão inscritos na Faculdade de Gestão e Economia, cerca de 16% na Faculdade de Direito, 4% na Faculdade de Educação, 5% na Faculdade de Sharia e Estudos Islâmicos, 29% na Faculdade de Artes e Ciências e os restantes 11% noutras faculdades. 71% dos estudantes inquiridos têm idades compreendidas entre os 17 e os 23 anos, cerca de 25% têm idades compreendidas entre os 24 e os 30 anos e 4% têm idades compreendidas entre os 31 e os 40 anos.

Quadro 1: Resumo das variáveis demográficas

Variable	Frequency	Percentage
Gender:		
Male	73	23.0
Female	243	77.0
Nationality:		
Qatari	184	58.2
Non-Qatari	132	41.8
Program:		
Bachelor Program	294	93.9
Graduate or Master Program	11	3.5
Other	8	2.6
Year of Study:		
1st Year	81	25.6
2nd Year	86	27.2
3rd Year	82	25.9
4th Year	43	13.6
5th year	13	4.1
Other	11	3.5
College within Qatar University:		
College of Law	50	15.8
College of Business and Economic	109	34.7
College of Education	11	3.5
College of Shariaa and Islamic Studies	16	5.1
College of Arts and Sciences	92	28.9
Other	38	12
Age:		
17-23	224	70.9
24-30	77	24.4
31-40	13	4.1
41-50	2	0.6

4.2 Teste de hipóteses:

4.2.1 Testes Referência

Todos os testes estatísticos foram efectuados com um nível de significância de 95% e (nível de risco alfa=0,05).

Uma vez que as perguntas do inquérito se baseiam numa escala de Likert de cinco pontos e a fim de testar a correlação entre dados não lineares e contínuos, foi calculada uma análise fatorial confirmatória para cada conjunto de perguntas ou variáveis, extraindo um fator por variável, a fim de obter uma medida não contínua para cada variável.

4.2.2 Hipótese A - Quando a criatividade dos alunos aumenta, o seu empenhamento aumenta.

Para estudar a relação entre a criatividade dos alunos e a SE, foi realizada uma análise de correlação de Pearson (Stigler, 1989) entre o fator da SE e o fator da criatividade. O teste mostrou que a correlação entre estas duas variáveis é significativa, uma vez que o valor p da probabilidade de erro é inferior a 0,05. E como o coeficiente r de Pearson é igual a 0,686, sendo superior a zero, pode concluir-se que existe uma forte relação linear positiva entre a criatividade dos alunos e a SE. A hipótese B é, portanto, confirmada e comprovada como válida, o que está representado na tabela 2 e no diagrama 1.

Tabela 2- Hipótese de correlação A.

		Dependent - STUDENT ENGAGEMENT
Independent - CREATIVITY	Pearson Correlation	.686[**]
	Sig. (2-tailed)	.000
	N	306

Note: **$p < .01$

Diagrama 1: SE vs Criatividade

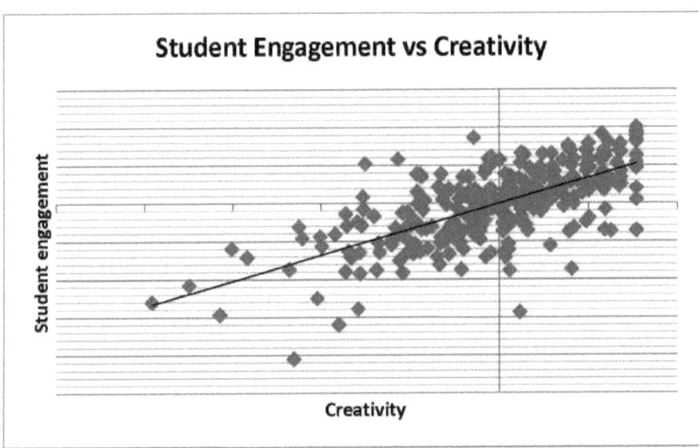

Suporte Teórico: Para Collard e Looney (2014), os estudantes criativos são auto-motivados, ansiosos por aprender, assimilam e sintetizam inconsistências e pensamentos contraditórios, adquirem as capacidades cognitivas e emocionais para analisar, refletir e resolver problemas complexos de forma resiliente. E uma vez que estes atributos estão relacionados com a SE, de acordo com o modelo da NSSE, pode confirmar-se a hipótese A de que, quando o nível de criatividade aumenta, o nível de SE também aumenta em conformidade.

Além disso, Collard & Looney defendem que a criatividade é altamente necessária para estudantes mais motivados e empenhados. Discutiram a importância do "ensino criativo" e do "ensino para a criatividade" no desenvolvimento de estudantes que tenham pensamentos originais, gerem ideias e soluções criativas com significado, lidem com a ambiguidade e se adaptem a novos conhecimentos e aprendizagens.

4.2.3 Hipótese B: Quando a liderança dos alunos aumenta, o seu empenhamento aumenta.

Para estudar a relação entre a Liderança dos estudantes e a SE, foi realizada uma análise de correlação de Pearson (Stigler, 1989) entre o fator da SE e o fator da Liderança. O teste mostrou que a correlação entre estas duas variáveis é significativa, uma vez que a probabilidade de erro p-value é inferior a 0,05. E como o coeficiente de Pearson é igual a 0,569 e maior que zero. Por conseguinte, temos uma boa relação linear positiva entre a liderança dos estudantes e a SE. Consequentemente, a hipótese A é confirmada e provada como correta e válida. Este facto está representado na tabela 3 e no diagrama 2.

Quadro 3- Correlação Hipótese B

		Dependent - STUDENT ENGAGEMENT
LEADERSHIP	Pearson Correlation	.569**
	Sig. (2-tailed)	.000
	N	310

Note: **$p < .01$

Diagrama 2- SE vs Liderança

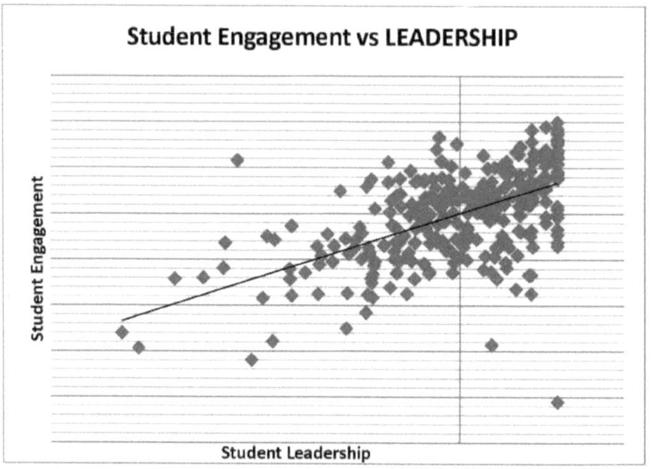

Apoio teórico: Num estudo que mediu a força e a natureza da relação entre o Inventário de Práticas de Liderança do Estudante (S-LPI) e o "Inventário de Tácticas de Aprendizagem (LTI)" desenvolvido por Dalton, 1999 (citado em Posner, 2009) com base no cumprimento dos seguintes requisitos por parte dos estudantes: 'ação, pensar, sentir e aceder aos outros', revelaram que existe uma forte correlação entre o LTI e o S-LPI. E uma vez que a SE inclui uma parte considerável relacionada com as competências de aprendizagem, de acordo com o modelo do NSSE. Este facto confirma também, naturalmente, a hipótese B, ou seja, que quando o nível de liderança aumenta, a SE também aumenta em conformidade.

4.2.4 Hipótese C: Quando a inteligência emocional dos alunos aumenta, o seu empenhamento aumenta.

Para estudar a relação entre a Inteligência Emocional do aluno e a SE, foi realizada uma análise de correlação de Pearson (Stigler, 1989) no SPSS entre o fator da SE e o fator da IE. O teste mostrou que a correlação entre estas duas variáveis é significativa, uma vez que a probabilidade de erro p-value é inferior a 0,05. E como o coeficiente r de Pearson é igual a 0,507, sendo superior a zero, pode concluir-se que existe uma boa relação linear positiva entre a IE e a SE dos alunos. A hipótese C é, pois, confirmada e comprovada como válida, tal como se representa no quadro 4 e no diagrama 3 abaixo.

Tabela 4- Hipótese de correlação C.

		Dependent - STUDENT ENGAGEMENT
EMOTIONAL INTELLIGENCE	Pearson Correlation	.507[**]
	Sig. (2-tailed)	.000
	N	311

Note: $**p < .005$

Diagrama 3- SE vs EI

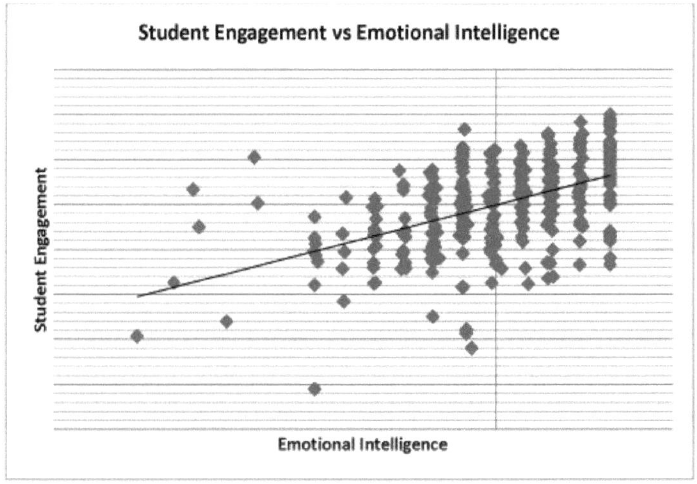

Apoio teórico: Pope et al. (2012) defendem que os benefícios do desenvolvimento da inteligência emocional dos alunos vão desde a melhoria do desempenho e da aprendizagem dos alunos, a melhoria do ensino e do clima escolar, a transmissão de competências de resolução e análise de problemas da vida real, a preparação dos alunos para os desafios da carreira, a motivação dos alunos, o envolvimento e o progresso académico. Este facto também confirma a hipótese C acima proposta, segundo a qual um nível elevado de IE está relacionado com um nível elevado de SE.

1.1.5 Hipótese D: O empenhamento dos estudantes atinge o seu nível mais elevado quando a criatividade, a liderança e a inteligência emocional atingem conjuntamente o seu nível mais elevado. Para testar a hipótese D, foram efectuados quatro modelos de regressão linear (Draper e

Smith, 1998) referentes ao seguinte

Regressão 1: Foi efectuada uma análise de regressão tomando SE como variável dependente e criatividade como variável independente. A equação de regressão mostrou-se significativa e confirma que 47,1% da variação em SE é explicada pela criatividade (esta variação está na mesma direção, uma vez que o coeficiente beta é positivo, como já foi discutido nas hipóteses A, B e C).

Regressão 2: Foi efectuada outra análise de regressão, tomando SE como variável dependente e liderança como variável independente. A equação de regressão mostrou-se significativa e confirma que 32,3 por cento da variação em SE é explicada pela liderança (esta variação está na mesma direção, uma vez que o coeficiente beta é positivo, como já foi discutido nas hipóteses A, B e C).

Regressão 3: Foi efectuada uma terceira análise de regressão, tomando SE como variável dependente e a inteligência emocional como variável independente. A equação de regressão mostrou-se significativa e confirma que 25,7% da variação em SE é explicada pela inteligência emocional (esta variação está na mesma direção, uma vez que o coeficiente beta é positivo, como já foi discutido nas hipóteses A, B e C).

Regressão 4: Foi efectuada uma quarta análise de regressão, tomando o SE como variável dependente e a criatividade, a liderança e a inteligência emocional como variáveis independentes. A equação de regressão revelou-se significativa e confirma que 49,3 por cento da variação do SE é explicada pelo aumento das três variáveis independentes em conjunto. Isto prova que a melhor previsão e o maior aumento de SE são afectados pelas três variáveis em conjunto.

Resumindo, a criatividade explica por si só 47% da variação da SE, a liderança explica por si só 32%, a IE explica 25,7% e as três variáveis independentes juntas explicam cerca de 50% da variação da SE. A hipótese D é, portanto, confirmada e conseguimos provar que a SE está no seu nível mais elevado quando as três variáveis independentes (Liderança, Criatividade e Inteligência Emocional) estão no seu nível mais elevado na mesma pessoa.

1.1.6 Outras correlações

A fim de compreender a força e a natureza da correlação entre as subvariáveis que constituem a SE e as outras três variáveis independentes, de modo a perceber se é necessário dar importância a alguma relação específica que, por si só, possa aumentar consideravelmente a SE, foi efectuada uma análise de correlação para este efeito, podendo deduzir-se o seguinte

Todas as sub-variáveis de SE estão forte ou moderadamente correlacionadas com todas as variáveis independentes, como se pode ver na Figura 2 e na Tabela 5 abaixo. No entanto, verifica-se específica e claramente que a sub-variável "Desafio Académico" (SEAC) está fortemente correlacionada com a "Criatividade", com um valor de p<0,05 e um coeficiente de correlação de Pearson r igual a 0,588 >0, o que prova que existe uma relação positiva entre a SEAC e a criatividade e que, quando a criatividade aumenta, o desafio académico aumenta consideravelmente. Os dados também mostraram que o SEAC está fortemente correlacionado com a "Inteligência Emocional" (IE), com um valor de p<0,05 e um coeficiente de correlação de Pearson r igual a 0,450 >0, o que prova que existe uma relação positiva entre o SEAC e a IE e que, quando a IE aumenta, o desafio académico aumenta consideravelmente.

Os dados revelam igualmente que a sub-variável "Aprendizagem Colaborativa Ativa" está fortemente correlacionada com a Liderança e a Criatividade, com um valor de p<0,05 e um coeficiente de correlação de Pearson r igual a 0,523 >0 para a liderança e 0,484 para a criatividade, o que prova que existe uma relação positiva entre a Aprendizagem Colaborativa Ativa, a Liderança e a Criatividade e que, quando a Criatividade e a Liderança aumentam, a Aprendizagem Colaborativa Ativa aumenta consideravelmente.

Figura 2- Variáveis independentes vs variáveis dependentes

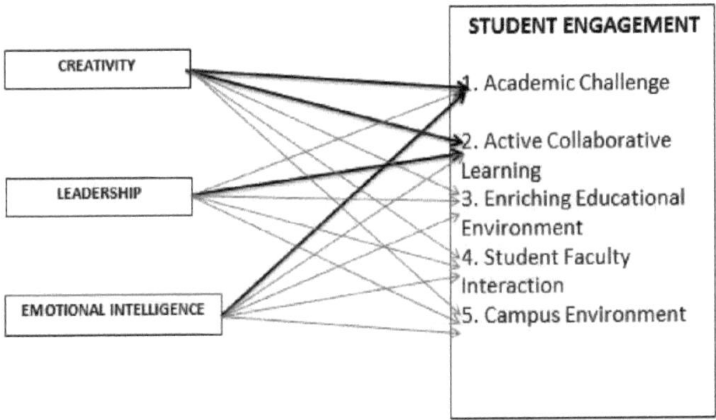

Tabela 5- Todas as correlações

		Academic Challenge	Active Collaborative Learning	Enriching Educational Environment	Student Faculty Interaction	Campus Environment
Independent – CREATIVITY	Pearson Correlation	.588[**]	.484[**]	.396[**]	.244[**]	.212[**]
	Sig. (2-tailed)	.000	.000	.000	.000	.000
	N	309	308	307	309	309
LEADERSHIP	Pearson Correlation	.394[**]	.523[**]	.339[**]	.248[**]	.244[**]
	Sig. (2-tailed)	.000	.000	.000	.000	.000
	N	313	312	311	313	313
EMOTIONAL INTELLIGENCE	Pearson Correlation	.450[**]	.348[**]	.265[**]	.221[**]	.265[**]
	Sig. (2-tailed)	.000	.000	.000	.000	.000
	N	314	313	312	314	314

**. Correlation is significant at the 0.01 level (2-tailed).

4.3 Efeito de outras variáveis na SE

4.3.1 Anos de estudo (YOS)

Para estudar a relação entre SE e YOS, foi efectuado um teste ANOVA de uma via, sendo SE a variável dependente e YOS a variável independente, para verificar se a média de SE difere significativamente entre YOS. O resultado mostrou que as médias de SE não diferem significativamente entre o primeiro, o segundo e o terceiro ano. Não dispomos de provas suficientes de que o SE é afetado pelo ano. Esta questão pode ser deixada para uma investigação posterior, uma vez que a dimensão da amostra do 4.º e do 5.º ano de estudo é muito pequena em comparação com os outros anos.

4.3.2 Género

A fim de compreender o efeito do género no SE, foi realizado um teste t para amostras independentes, uma vez que esta variável independente contém apenas duas categorias, sendo a variável dependente o SE. O teste compara as médias de SE entre homens e mulheres, que é de 3,975 para as mulheres e de 3,872 para os homens, pelo que não há diferença significativa entre as médias e concluímos que não há efeito do género na SE.

4.3.3 Idade

Para compreender o efeito da idade no empenhamento dos estudantes, foi efectuado um teste ANOVA em que o teste de homogeneidade das variâncias se revelou significativo, com um valor de 0,34 e um valor de p de 0,029, com pelo menos duas categorias com médias de SE significativamente diferentes. É evidente que existe uma diferença significativa entre o efeito da idade no SE para o grupo etário 24-30 que tem a média mais baixa de SE 3,8 e o grupo etário 31-40 que tem o nível mais elevado de SE média de 4,2. Concluímos que os estudantes entre os 24 e os 30 anos são menos empenhados do que os estudantes entre os 31 e os 40 anos.

4.3.4 Programa

Uma vez que a dimensão da amostra difere muito entre o programa de bacharelato, que representa 93% das opiniões, e o programa de licenciatura, que representa apenas 4%, decidiu-se não analisar o efeito do programa na educação sexual, uma vez que não se obteria um resultado fiável e válido.

4.3.5 Faculdade

A Faculdade de Educação apresenta a média mais elevada de SE, com 4,16, enquanto a Faculdade de Gestão e Economia apresenta a média mais baixa de SE, com 3,8. No entanto, a fim de compreender a força desta relação, foi efectuado um teste ANOVA e não foi detectada qualquer significância confirmatória entre os SE das faculdades. Por conseguinte, não foi possível prever, com base nos dados disponíveis, que existe uma diferença de SE entre as faculdades.

4.3.6 Nacionalidade

A fim de compreender o efeito da nacionalidade no SE, foi efectuado um teste t para amostras independentes para medir a significância da variação das médias. O resultado mostrou valores iguais nas médias de cerca de 3,9, o que confirma que a nacionalidade não tem qualquer efeito na SE.

4.4 . Análise Qualitativa

Este estudo inclui uma análise qualitativa através de entrevistas semi-estruturadas, a fim de compreender as causas subjacentes à mudança nos níveis de SE, liderança, IE e ASE, na perspetiva de sete diretores e gestores-chave que trabalham no departamento centralizado de Assuntos dos Estudantes da QU, ou de Decanos ou diretores de qualidade nas mesmas faculdades, que foram incluídos na amostra. As respostas qualitativas foram agrupadas com base em respostas e temas semelhantes, como se mostra no (Anexo D). Apresenta-se também abaixo um resumo das respostas e as citações diretas dos inquiridos estão escritas em *itálico*.

Questão 1: Qual é o nível atual de envolvimento dos estudantes na QU?

- Todos os inquiridos confirmaram que a educação sexual é um problema importante e urgente a resolver na UQ.

"É um problema real", "É o nosso maior desafio

"Deveríamos ter uma política para melhorar a SE

'Alguns alunos têm níveis satisfatórios de SE e outros são extremamente baixos'

- **Diferenças nos níveis de SE:**

Um inquirido referiu que *"os alunos provenientes de escolas nacionais são menos empenhados do que os alunos provenientes de escolas privadas".*

Três inquiridos afirmaram que os alunos do primeiro ano estão menos empenhados devido à falta de preparação para a transição entre a escola e a universidade. *'Há muita ansiedade por causa da transição'*

Dois inquiridos referiram que os estudantes do Qatar parecem ser menos empenhados do que os não-Qatarianos.

Dois inquiridos referiram que está relacionado com o esforço de cada faculdade em fazer tudo o que é necessário para aumentar a SE.

Um inquirido referiu que poderá haver uma diferença entre os estudantes do sexo masculino e do sexo feminino.

Questão 2: Quais são as razões mais profundas para o baixo nível de SE na UQ?

Quatro inquiridos partilharam que o baixo nível de SE está relacionado com os antecedentes familiares e com a forma como as crianças são educadas desde tenra idade, sem desenvolverem a sua motivação intrínseca; são antes motivadas por recompensas extrínsecas que são geralmente fáceis de adquirir. Vários atribuíram o baixo nível de SE à cultura em geral no Qatar, que favorece o distanciamento entre as crianças e os pais e a falta de motivação/oportunidade para desenvolver competências transversais desde tenra idade. *A vida de estudante é muito má para desenvolver competências transversais"*. Dois inquiridos mencionaram a indisponibilidade de actividades partilhadas adequadas e de instalações bem equipadas. *Não há espaços facilmente acessíveis durante o tempo livre"*.

Dois inquiridos salientaram a falta de aprendizagem de ordem superior e a deficiência no desenvolvimento de competências transversais, uma vez que os estudantes frequentam as escolas até chegarem à universidade. Outras causas estão relacionadas com a *"prática de ensino demasiado tradicional de alguns professores"*.

Questão 3: O empenho dos estudantes está mais relacionado com factores internos (estudantes) ou externos (ambiente, cultura)?

Cinco inquiridos relacionaram o baixo nível de SE com factores internos e externos.

Um inquirido afirmou que *"está relacionado com a forma como as crianças estão a ser educadas e motivadas*

Outro inquirido relacionou a SE com o ambiente externo e salientou o papel da QU na criação do ambiente e da formação adequados. *A QU é mais responsável do que os alunos, se cumprirmos o nosso papel"*.

Questão 4: Os alunos criativos da QU são mais empenhados do que os menos criativos?

Cinco inquiridos não foram capazes de generalizar a ideia de que uma elevada criatividade está relacionada com uma elevada SE.

Muitos estudantes criativos não estão a encontrar formas de expressar a sua criatividade na QU'. Isto pode dever-se à falta de programas ou de um ambiente que os encoraje a exprimir ou a explorar os seus talentos criativos".

Outros inquiridos consideram que a criatividade é importante, mas não é suficiente para aumentar a SE por si só, devendo ser complementada por outras competências para alcançar um elevado nível de envolvimento.

Pergunta 5: O nível atual de criatividade dos estudantes na QU.

Quatro inquiridos consideram que os estudantes da UQ têm baixos níveis de criatividade e baixa motivação intrínseca.

Outros relacionaram a criatividade com a família, a cultura e a forma como as crianças são educadas desde tenra idade.

O inquirido relacionou a baixa criatividade com a falta de exposição dos estudantes a programas, exercícios, aprendizagens e actividades criativas durante os seus estudos.

Os alunos da QU tendem a ficar-se pelo que lhes damos, não vão além do que lhes é pedido

Estou realmente surpreendida com o facto de, em algumas actividades, ver alunos muito criativos, mas há grandes discrepâncias

Eles estão a conter a sua criatividade, é preciso dar-lhes a oportunidade de tomarem decisões valiosas

Quando se dá confiança ou oportunidade aos alunos, eles podem ser criativos

Pergunta 6: Até que ponto a criatividade está associada a um elevado nível de empenhamento? Pode, por si só, aumentar o empenhamento?

Seis inquiridos concordaram que a criatividade é importante para o envolvimento dos estudantes, mas que, se fosse associada a outras competências, aumentaria mais a SE.

Um inquirido afirmou que *"a criatividade é mais importante do que a liderança, porque a liderança é inata e a criatividade é adquirida*

Pode ser melhorado através de workshops e seminários ou integrado no currículo".

Questão 7: Os alunos com um nível de liderança elevado são mais empenhados do que os alunos com um nível de liderança baixo?

Seis inquiridos concordaram que a liderança é importante para a SE.

sim, são parentes".

'Forte correlação entre a SE e a liderança, colocam questões difíceis'

Questão 8: Qual é o nível de liderança dos estudantes universitários do Qatar?

Sete inquiridos concordaram que os estudantes da QU têm um baixo nível de liderança.

Precisamos de trabalhar muito nesses atributos

'Muito pouca capacidade de liderança'

Os estudantes do terceiro e quarto anos assumem papéis de liderança atribuídos pela universidade

A sociedade não apoia o desenvolvimento destas competências

Há dois níveis extremos

'Os alunos não estão motivados, estão satisfeitos, não há competição, não há desafio, não há entusiasmo'

Alguns colégios têm uma liderança elevada e outros o inverso

Falta de comunicação da identidade e dos valores nacionais, perda de ligação entre os valores do passado e do futuro devido às rápidas mudanças culturais".

Pergunta 9: Como é que a liderança afecta a SE. Existem outros elementos que também devem estar presentes para aumentar a SE?

Todos os inquiridos concordaram que as competências de liderança têm um impacto positivo direto na educação sexual. No entanto, seria melhor associá-las a outras competências para que tenham um maior impacto na SE.

Estou preocupado com a implementação e utilização destas ferramentas e com a forma de as introduzir

Pergunta 10: Os alunos com elevada inteligência emocional (IE) são mais empenhados do que os alunos com baixa IE?

Seis inquiridos concordaram que a IE é muito importante para a educação sexual, mas não têm a certeza de até que ponto é importante. Deveria ser associada a outras competências para aumentar a SE.

Está diretamente relacionado com o desempenho académico

"As competências mais importantes a desenvolver

Questão 11: Qual é o nível de IE dos alunos na QU?

Todos os inquiridos concordaram que o nível de IE é muito baixo na UQ, sobretudo devido ao contexto familiar e à forma como as crianças são educadas desde tenra idade.

"Ou muito alto ou muito baixo

Poucos estudantes a têm, mas não é uma prática comum

Esta é a competência que mais falta lhes faz, porque não a aprenderam desde tenra idade. Esta é a parte mais difícil. Relacionado com as dimensões culturais nos países árabes'

Estamos a ajudar os estudantes a adquiri-lo através de uma formação adequada

Não podemos avaliá-lo porque os alunos não são capazes de mostrar essas competências" "É necessário demasiado trabalho

Pergunta 12: Como é que a IE afecta a SE. Existem outros factores que devem estar presentes para aumentar a SE?

Todos os inquiridos concordaram que a IE afecta diretamente a SE e que é melhor associá-la a outras competências para aumentar a SE.

'Claro que é uma ferramenta muito importante, mas alguns alunos não são muito inteligentes do ponto de vista emocional, mas estão empenhados e vice-versa'

"É necessário mudar todo o sistema

4.5 Dados secundários

4.5.1   QU Planeamento e Eficácia Institucional

A QU dispõe de um Gabinete de Planeamento e Desenvolvimento Institucional (OIPD) para definir, coordenar e monitorizar a implementação do Plano Estratégico da QU. O OIPD realiza todos os principais inquéritos institucionais destinados à documentação estatística, à eficácia e à melhoria contínua (Universidade do Qatar, 2015).

Desde 2013, foi criado um Comité de Eficácia Institucional para planear, avaliar e melhorar a eficácia institucional em todas as áreas (Universidade do Qatar, 2015). O último relatório revela que, nos últimos dois anos, o número de estudantes com fraco desempenho aumentou consideravelmente, o que exigiu medidas de retificação por parte dos departamentos governamentais competentes. O relatório salienta igualmente que os objectivos previstos para a retenção, a graduação e os estudantes em risco não foram atingidos, o que exigiu

medidas de melhoria do QU para resolver este problema. Além disso, o relatório sublinha que o currículo deve centrar-se mais no pensamento crítico do que na memorização, o que também é referido na análise qualitativa acima referida.

A QU dedicou também um departamento que define e avalia a implementação dos resultados de aprendizagem (LO) por todos os programas académicos e faculdades (Qatar University, 2015). Estes resultados de aprendizagem foram determinados com base em padrões internacionais e adaptados às necessidades das faculdades e dos programas relacionados. O último relatório de avaliação mostra que a QU teve um baixo nível de realização de LO de 50 por cento, o que exigiu a procura de razões para este desempenho insuficiente e medidas de retificação para melhorar este nível.

4.5.2 Informações do último Livro de Factos da UQ

A QU dedicou propositadamente vários gabinetes centralizados na Secção de Assuntos dos Estudantes para orientar e apoiar os estudantes no sucesso académico e não académico, tais como

- A secção de aconselhamento académico está vocacionada para orientar e apoiar os estudantes no seu plano de estudos, na seleção de cursos e noutros serviços de aconselhamento académico.

- O Centro de Aprendizagem de Estudantes realizou cerca de 90 sessões de workshops para melhorar as competências de escrita e de estudo dos estudantes. 195 estudantes inscreveram-se em programas de desenvolvimento profissional e-learn.

- O Centro de Aconselhamento de Estudantes tem estado ativo na prestação de serviços de apoio psicológico confidenciais e personalizados aos estudantes com dificuldades e problemas de personalidade.

- 306 estudantes participaram em viagens de intercâmbio cultural.

- O Centro de Serviços de Carreira também tem estado ativo na prestação de orientação profissional a cerca de 825 estudantes. 2000 estudantes participaram e realizaram o workshop de excelência de carreira.

- O Centro de Actividades dos Estudantes proporciona desportos e outras actividades para melhorar a vida dos estudantes no campus. Cerca de 4000 estudantes voluntários participaram em 50 oportunidades e eventos de voluntariado a nível interno e externo.

Existe um Programa de Honra para encorajar e reconhecer, através de recompensas intrínsecas e extrínsecas, os estudantes excepcionais, motivados e academicamente curiosos da QU (Qatar University, 2015)

A QU criou também um gabinete centralizado de desenvolvimento do corpo docente e da instrução (Universidade do Qatar, 2015), que se dedica a desenvolver e formar o corpo docente da QU nas novas técnicas de ensino. Em 2013-2014, este gabinete realizou cerca de 290 sessões de formação com uma taxa de participação de 82% para o desenvolvimento do corpo docente.

4.5.3 Relatórios disponíveis internamente

O Relatório de Satisfação dos Estudantes de 2014 abordou questões relacionadas com a aprendizagem e os serviços de apoio. Revelou uma taxa de satisfação global de cerca de 79%.

Os relatórios estatísticos do inquérito aos finalistas (2013-14) abordaram uma questão relacionada com a aprendizagem e os serviços de apoio e revelaram uma taxa de satisfação de 75% dos finalistas. No entanto, a satisfação dos estudantes relativamente ao nível de pensamento crítico no âmbito do programa curricular de base revelou uma média baixa de 50% de satisfação. A taxa média de satisfação relativamente à qualidade do ensino das disciplinas do currículo de base revelou uma taxa de satisfação baixa de 64,8%.

A taxa média de satisfação relativamente à adequação dos serviços de aconselhamento é de 62%.

O relatório do Livro de Tendências (2013-2014) revelou que a taxa média de retenção para os caloiros que se formam pela primeira vez é de 63% e a taxa média global de graduação é também de 63%.

4.5.4 Relatórios disponíveis publicamente

O inquérito nacional sobre o empenhamento dos estudantes revelou a falta de empenhamento dos estudantes e de competências de resolução de problemas da vida real, analíticas e profissionais (Universidade do Qatar, 2013).

O inquérito aos antigos alunos revelou que 49% dos estudantes consideram que o seu programa não os preparou para o mercado de trabalho (Universidade do Qatar, 2011).

O relatório do inquérito aos empregadores revelou que 63% dos empregadores estavam satisfeitos com as competências analíticas, de pensamento crítico e de liderança dos seus empregados (Universidade do Qatar, 2012).

O relatório de eficácia institucional revelou que 46% dos estudantes "não vêem a QU como uma universidade respeitável" e que "os serviços de carreiras estão a prestar-lhes uma assistência modesta" (Universidade do Qatar, 2011).

4.5.5 Análise

O acima mencionado mostra que:

A QU pretende melhorar o seu desempenho, eficácia e classificação internacional, o que exige uma adaptação às mesmas normas.

A QU adquire uma estrutura sólida e departamentos suficientes para implementar os seus planos e estratégias.

A QU está ativa na realização de eventos, formações, orientações...

No entanto, parece não existir um plano de melhoria claro, bem fundamentado, bem articulado, comunicado e acordado que considere a educação sexual como o objetivo mais essencial e premente a melhorar. É aqui que reside a importância deste estudo, que aborda os meios mais importantes para atingir níveis mais elevados de SE e um melhor desempenho global.

4.6 Análise de dados por temas

4.6.1 . Relação entre Criatividade, Nível de Desafio Académico e Aprendizagem Colaborativa Ativa

Tanto a análise qualitativa indicou que os níveis de SE como de criatividade eram baixos e necessitavam de melhorias consideráveis. Já a análise quantitativa mostrou que existe uma forte correlação entre a LAC (sendo uma sub-variável importante dentro da SE) e a Criatividade. Isto significa que quando a criatividade dos alunos aumenta, o LAC aumenta consideravelmente. Além disso, existe uma forte relação positiva entre a criatividade e a Aprendizagem Colaborativa Ativa (ACL) (que é uma variável importante na SE). Os dados secundários mostraram que o nível de satisfação dos estudantes a partir da análise crítica

(que é um elemento importante do Desafio Académico no âmbito da variável SE) é baixo na QU, com 50% de satisfação. Finalmente, o relatório do NSSE também confirma que o nível de desafio académico na QU está aquém, com um nível de satisfação de 50%, pelo que se pode concluir que o LAC é uma sub-variável importante que deve ser seriamente abordada para melhorar a SE. Por conseguinte, o desenvolvimento da criatividade é de importância primordial na QU para aumentar tanto o LAC como o ACL e, assim, melhorar a SE.

4.6.2 . Relação entre o nível de desafio académico e a inteligência emocional

O nível de Inteligência Emocional foi considerado pela análise qualitativa como sendo baixo e necessitando de melhorias consideráveis. A análise quantitativa mostrou que existe uma forte correlação positiva entre a LAC e a IE. Os dados secundários também revelaram que as competências transversais ou a inteligência emocional dos estudantes são baixas.

Por conseguinte, a IE é uma competência muito importante que deve ser melhorada pelos alunos da UQ, a fim de aumentar consideravelmente a LAC e, consequentemente, a SE.

4.6.3 Relação entre Aprendizagem Colaborativa Ativa e Liderança

A aprendizagem ativa e colaborativa é também uma sub-variável importante no âmbito da SE, uma vez que se revelou altamente e positivamente correlacionada com a Liderança na análise quantitativa. E uma vez que a análise qualitativa confirmou que a liderança dos estudantes na QU é geralmente baixa. Por conseguinte, pode concluir-se que a liderança é uma competência muito importante a desenvolver pelos estudantes da QU para aumentar a Aprendizagem Colaborativa Ativa e, consequentemente, a SE.

4.6.4 Abordagem holística

Uma vez que a quarta hipótese foi confirmada, ou seja, que a SE atinge o seu nível mais elevado quando a criatividade, a liderança e a IE atingem o seu nível mais elevado no mesmo aluno, e uma vez que provámos que as três variáveis independentes são indispensáveis para aumentar a SE na QU, a abordagem ideal consiste em integrar as três competências no plano TQM para que a SE possa ser melhorada ao seu nível mais elevado possível na QU.

5.1 . Resumo teórico

5.1.1 Envolvimento dos alunos

A análise quantitativa mostrou que cerca de 70% dos estudantes inquiridos afirmaram ter níveis elevados de SE; no entanto, este pode não ser o nível real, mas sim o desejado, ou pode refletir a importância que os estudantes atribuem à SE e o seu apreço por estes atributos.

A análise qualitativa e, sobretudo, quantitativa confirmou que a SE está altamente correlacionada e é positivamente afetada pelo aumento do nível das três variáveis (Criatividade, Liderança e IE). Por outras palavras, quando qualquer uma das variáveis independentes aumenta, a SE aumenta em conformidade. A criatividade revelou-se a variável mais importante que aumenta significativamente o nível de SE em duas áreas importantes: o nível de desafio académico e a aprendizagem colaborativa ativa, que são muito sensíveis a qualquer aumento da criatividade.

Além disso, o Desafio Académico e a Aprendizagem Colaborativa Ativa são as sub-variáveis mais sensíveis. O desafio académico está altamente correlacionado com a criatividade e a IE e a aprendizagem ativa em colaboração está altamente correlacionada com a criatividade e a liderança.

Os dados qualitativos confirmaram a presença de um importante problema de investigação a resolver na UQ, que é o aumento da SE, uma vez que este tema é também um dos pontos quentes do departamento de eficácia institucional definido no âmbito do sucesso dos estudantes, do desempenho dos estudantes, da taxa de retenção, dos resultados da aprendizagem, da melhoria do currículo e da SE.

Os dados qualitativos mostraram que a educação sexual no contexto do nosso estudo está principalmente ligada à família, à cultura, à sociedade e a outros factores psicológicos e ecológicos, onde a falta de desenvolvimento de competências transversais prevalece desde a infância até à conclusão da escola, antes de ingressar na universidade. Estas competências (criatividade, liderança e IE) não estão a ser devidamente desenvolvidas ou não lhes é dada importância na família, na sociedade em geral e no sistema educativo. Além disso, não se dá ênfase ao desenvolvimento de competências transversais, do pensamento crítico e de outras competências de aprendizagem de ordem superior nas crianças. Em vez disso, dá-se mais ênfase à memorização e à aquisição de conhecimentos puramente académicos e intelectuais. A falta de motivação intrínseca é também um desafio importante, uma vez que a motivação é construída em torno de recompensas materialistas e extrínsecas que não favorecem o desenvolvimento de tais competências nos estudantes. Embora o verdadeiro problema da educação sexual pareça estar maioritariamente relacionado com factores externos e ambientais, qualquer tentativa da QU para melhorar a educação sexual neste sentido pode ter um enorme impacto.

A análise qualitativa também mostrou que os estudantes apresentam dois níveis extremos nas três competências (criatividade, liderança e IE), sendo que alguns dos estudantes exibem muito estas competências e outros ficam totalmente sem elas. E dado o contexto em que estas competências são geralmente bem percepcionadas pelos estudantes, existe uma boa probabilidade de serem aceites e apreciadas pelos estudantes da QU.

Os dados qualitativos mostram que os estudantes podem ter essas competências de forma inata, mas que estas estão escondidas e inexploradas, uma vez que não lhes é dada a oportunidade de as exibir desde a infância até chegarem à universidade. No entanto, quando os estudantes têm a oportunidade, a confiança e o ambiente adequado para as demonstrarem, surgem resultados surpreendentes. Isto está relacionado com a liderança transformacional, em que o líder dá todo o seu apoio, confiança e encorajamento aos seus seguidores para que explorem e demonstrem todo o seu potencial (Lo, et al., 2010)

Os dados secundários mostraram que a QU está atualmente a dar grande ênfase ao desenvolvimento do pensamento crítico dos estudantes, à aprendizagem de ordem superior e a outras competências transversais práticas, no entanto, ainda não estão plenamente conscientes de que essas competências são classificadas como criatividade, liderança e IE, e que, se forem devidamente comercializadas e integradas no currículo, nos resultados de aprendizagem, no plano ou nas estratégias TQM, podem ter um enorme impacto na SE e noutras áreas relacionadas importantes para a QU.

5.1.2 Criatividade

A análise quantitativa mostrou que cerca de mais de 70% dos estudantes inquiridos se consideram altamente criativos. Trata-se de um nível bastante otimista que pode refletir o estado desejado pelos estudantes e não o nível real de criatividade ou o seu reconhecimento da importância da criatividade em geral, uma vez que a análise qualitativa também contradiz esta perspetiva otimista.

Este estudo confirma a importância de desenvolver a criatividade dos estudantes como uma competência fundamental para melhorar a SE, principalmente no "Desafio Académico" e na "Colaboração Ativa

Aprendizagem", dois componentes essenciais da ES. A criatividade e os seus componentes baseados no modelo de Lucas et al. (2012) podem, por conseguinte, ser uma ferramenta de avaliação vital para o "sistema de avaliação dos resultados da aprendizagem dos estudantes (SLOAS)", tal como referido por Al-Thani et al. (2014) para a melhoria contínua na QU.

5.1.3 Liderança

A análise quantitativa mostrou que cerca de 80% dos estudantes inquiridos pensam que adquirem boas competências de liderança, o que também é um número otimista que pode refletir o estado desejado dos estudantes ou a sua consciência de que a liderança é uma competência importante a adquirir em geral, uma vez que os dados qualitativos e secundários reflectem níveis normais a baixos de competências transversais.

Este estudo confirma a importância de desenvolver as competências de liderança dos estudantes para melhorar a ES e, mais especificamente, a "Aprendizagem Colaborativa Ativa", uma componente essencial da ES. Além disso, a liderança e os seus constituintes baseados no modelo de Posner (2012) podem, por conseguinte, ser uma ferramenta de avaliação fundamental para o "sistema de avaliação dos resultados da aprendizagem dos estudantes (SLOASs)", tal como foi referido para a melhoria contínua na QU por Al-Thani et al. (2014).

5.1.4 Inteligência emocional

A análise quantitativa mostrou que cerca de 80% dos estudantes inquiridos se consideram dotados de uma boa inteligência social e emocional (IE), o que também é um número bastante otimista, que reflecte o estado desejado dos estudantes e o seu reconhecimento de que as competências sociais e emocionais são importantes, especialmente porque a análise qualitativa contradiz este facto, uma vez que todos os inquiridos consideram que os estudantes da UQ não possuem, em geral, competências de IE.

Este estudo confirma a importância de desenvolver a aprendizagem social e emocional ou IE dos estudantes para melhorar a ES, especificamente o "Desafio Académico", uma componente essencial da ES. Além disso, a ASE e as suas competências essenciais baseadas no modelo CASEL (2014) podem, por conseguinte, ser uma ferramenta de avaliação fundamental para o "sistema de avaliação dos resultados da aprendizagem dos estudantes (SLOAS)", tal como foi referido por Al-Thani et al. (2014) para a melhoria contínua na QU.

5.1.5 A opção óptima

Os dados qualitativos e, sobretudo, quantitativos provaram que a melhor forma de aumentar o SE é através da combinação das três variáveis independentes ao mesmo tempo na mesma pessoa. Por outras palavras, nenhuma das variáveis independentes (criatividade, liderança e IE) pode, por si só, aumentar suficientemente o SE, mas é a combinação das três variáveis na mesma pessoa que faz com que tenham um impacto muito maior no SE. Para além disso, a teoria primária "Aumentar o SE através da criatividade, da liderança e da AE" foi confirmada.

5.2 Implicações práticas

5.2.1 Criatividade

Munakata e Vaidya (2013) defendem que a criatividade deve ser integrada no currículo através da ênfase na curiosidade, no pensamento crítico, nas competências de aprendizagem de ordem superior e na aprendizagem baseada na investigação.

Brown et al. (2013) salientaram a importância de criar ambientes de aprendizagem inovadores que envolvam "uma aprendizagem profunda de elevada qualidade", como a Cass Business School, que integrou um módulo avaliado com o objetivo de aumentar o envolvimento dos estudantes, principalmente através de actividades partilhadas baseadas em projectos em torno de notícias de última hora (ibid). A principal aprendizagem consiste em abordar um tema quente, avaliar o seu problema, planear a sua solução, refletir sobre as medidas a tomar e, por fim, avaliar e determinar o moral da situação. Os alunos devem apreciar a tensão criada pelas interações entre pares de diferentes pontos de vista, a fim de encontrar uma solução comum partilhada (ibid).

Numa tentativa da Universidade da Cidade de Oklahoma de tomar medidas activas para responder ao apelo global à inovação, integrou no currículo técnicas e materiais de ensino que estimulam a criatividade, como as artes visuais e os vídeos, a fim de melhorar a criatividade, o empenho e a aprendizagem dos estudantes (Garrett, 2013). Além disso, integrou actividades extracurriculares relacionadas com a arte, nas quais os estudantes alimentam os seus talentos criativos e imaginativos que os fazem sentir revigorados, enriquecidos, mais empenhados e criativos nos seus estudos (ibid).

Tapsell e Woods (2010) defendem que a criatividade deve ser integrada através de projectos baseados em investigação, em que os tutores fazem um acompanhamento personalizado com os estudantes para induzir as suas ideias originais e incentivá-los a alargar os seus conhecimentos e contribuições. Os tutores devem também encorajar os estudantes a serem persistentes, a explorarem as suas ideias e a assumirem riscos e exploradores do conhecimento.

A modelação do corpo docente também é muito importante, de acordo com Sanderse (2013), onde os docentes devem incentivar os estudantes a colaborar, partilhar ideias e ser um modelo que induza a criatividade através da prática, da comunicação e da implementação de valores e crenças partilhados.

A criatividade pode ser introduzida e comunicada no Qatar de uma forma familiar através da Bid'ah (Zarif et al., 2013) no seu significado original, essência e objectivos relacionados com a sustentabilidade e o desenvolvimento holístico (ibid).

De Carlo (2012) confirmou a importância e os benefícios de expor intencionalmente os alunos a problemas e situações constrangedoras, paradoxais e desafiantes no ensino, a fim de melhorar as suas capacidades criativas, de negociação e de resolução de problemas. De acordo com De Carlo, isto ensina e estimula naturalmente os alunos a apresentarem diferentes perspectivas e opções, a explorarem as suas emoções e a utilizarem as suas capacidades de análise crítica e de reflexão (ibid).

Sidney Parnes (citado em Sisk, 2014) salientou a importância de desenvolver os programas e currículos educativos com base na transmissão de competências cognitivas, imaginativas, de julgamento e de resolução de problemas. Parnes desenvolveu mesmo um modelo criativo de resolução de problemas que ensina os estudantes a definir um problema, a encontrar factos sobre ele, a identificar as suas causas profundas, a formular e propor soluções, a escolher uma solução óptima e, finalmente, a aceitá-la e a agir em conformidade (ibid).

De Jong (2013) sublinhou a necessidade de orientar os estudantes para a análise contínua do ambiente através da exposição intencional e não intencional a fontes de conhecimento internas e externas, bem como a fontes formais e informais. De Jong também recomenda que os estudantes sejam incentivados a identificar oportunidades em situações confusas, contrastantes e, por vezes, constrangedoras e desafiantes. Considera que as pessoas criativas que conseguem inovar devem ter conhecimentos (sociais, políticos e emocionais), analisar cuidadosamente o ambiente em busca de lacunas e descontinuidades para "identificar oportunidades" e tomar as medidas necessárias para as explorar (ibid).

Uma vez que a criatividade é geralmente considerada pelos educadores como altamente arriscada e requer um trabalho incomensurável, sendo por vezes necessário alterar o material de estudo, a criatividade deve ser exigida pela direção das instituições de ensino através da formação do corpo docente, da comunicação e da promulgação de políticas que apoiem o desenvolvimento da criatividade no local de trabalho e na vida académica (Collard e Looney, 2014).

De acordo com Collard e Looney, é também importante estabelecer parcerias com indivíduos artísticos e criativos que transmitam a importância da criatividade e das artes na vida e no ensino/aprendizagem, tanto a professores como a alunos.

"Nutrir" um ambiente criativo exige uma transformação profunda e completa da forma como as instituições de ensino compreendem, comunicam, incentivam, mandatam e implementam a criatividade (Collard & Looney, 2014).

5.2.2 Liderança

Uma vez que, para Daggett (2014), garantir um ambiente inovador é um imperativo, o corpo docente "deve ser apoiado por uma liderança pedagógica e uma liderança organizacional", onde os estudantes devem aprender competências profissionais e competências transversais. Para atingir este objetivo, é indispensável uma formação adequada em liderança para o corpo docente (ibid).

Num estudo regional sobre a importância e o impacto da formação em liderança transformacional para o corpo docente e os seus benefícios no empenhamento organizacional, demonstrou-se que a formação em TL do corpo docente é essencial para melhorar o desempenho geral, a produtividade, a qualidade do ensino e o empenhamento (Khasawneh et al., 2012). Isto, por sua vez, reflecte-se numa melhor interação com os estudantes, o que se traduz na 'Aprendizagem Colaborativa Ativa' e na ES.

A liderança transformacional consiste em confiar nas capacidades dos estudantes para os inspirar, capacitar, orientar e envolver (Lo et al., 2010). A formação em LT é muito melhor assimilada e seguida se for acompanhada de um quociente emocional de alto nível

(Mason et al., 2014). Por conseguinte, é imperativo que os estudantes e o corpo docente melhorem as suas competências sociais e emocionais, a fim de estarem mais receptivos à aprendizagem transformacional e à implementação de estratégias pessoais, sociais e nacionais do Qatar.

A modelação de papéis pode ser um facilitador para o LT através do qual os membros do corpo docente exibem valores e crenças morais elevados partilhados (Sanderse, 2013).

As comunicações estratégicas e o TL podem ter resultados transformacionais nos estudantes (Harrison, 2011) e aumentar a motivação, o estímulo intelectual, a orientação visionária, a atenção individualizada e, consequentemente, o envolvimento dos estudantes e do corpo docente (ibid).

A 'Liderança no envolvimento da comunidade universitária' serve para cumprir objectivos e aspirações comuns entre as universidades e a comunidade, onde pode haver um grande desafio para fazer a ponte entre dois ambientes totalmente diferentes, caracterizados por uma enorme diferença de expectativas e antecedentes (Bernardo, et al., 2014). Espera-se que esta liderança crie laços fortes se forem tidos em consideração factores contextuais como a cultura, a diferença de conhecimentos e o desempenho da gestão. É importante uma comunicação bidirecional baseada na aprendizagem mútua e na exploração de uma nova fronteira de melhoria (ibid), exigindo assim competências sociais e emocionais para uma melhor implementação.

Os aspectos "sociais e motivacionais" devem ser tidos em consideração na liderança (Hassan et al., 2011). Uma vez que o Qatar é um país muçulmano, é importante aplicar a liderança numa perspetiva islâmica para conseguir a aceitação dos seguidores. A "internalização de valores" é essencial para a aceitação das diretivas de liderança pelos seguidores (ibid), pelo que as instituições educativas e os educadores devem servir de modelos e mensageiros dos valores e crenças islâmicos que devem ser incorporados nos estudos de caso, projectos práticos e exercícios através de uma melhor comunicação, modelação de papéis, inspiração de outros e criação de laços.

Trowler (2013) sublinhou que é muito importante ganhar o respeito dos estudantes, recolher a sua opinião e comunicar os valores partilhados e o plano estratégico. Isto pode ser feito através da criação de associações de estudantes, onde os estudantes canalizam adequadamente o seu feedback, participam e se mantêm actualizados sobre os objectivos e metas da universidade (ibid).

Devem também ser criadas estruturas organizacionais adequadas para favorecer a liderança e a criatividade (Brundrett, 2007), não existindo uma estrutura fixa que se adéque a todas as instituições, no entanto, esta deve ser mais adequada à cultura e aos objectivos personalizados. Além disso, deve ser dada importância a uma comunicação adequada, à sensibilização e à promoção de eventos (ibid) que aumentem a ligação entre os membros e o seu empenhamento para com a sua instituição.

As comunicações empresariais envolvem estrategicamente os estudantes numa visão, valores e crenças comuns estratégias organizacionais e nacionais (Daggett, 2014). As comunicações organizacionais e a marca interna são a forma como o prestador de serviços exibe a sua identidade organizacional e liderança, o que melhora a motivação dos estudantes e dos membros do corpo docente e a perceção de valor da oferta educativa (Whisman, 2009).

A gestão e as comunicações transformacionais são essenciais para a implementação de programas de gestão da qualidade total (Argia e Aziah, 2013) e, por conseguinte, do plano estratégico. A liderança transformacional e as comunicações produzem resultados transformacionais nos estudantes (Harrison, 2011) e aumentam a motivação, a influência positiva, a inspiração, o estímulo intelectual, a orientação visionária, a atenção individualizada e o envolvimento dos estudantes e do corpo docente (ibid).

5.2.3 Aprendizagem social e emocional

Shephard (2008) defende que deve haver um equilíbrio entre os resultados cognitivos e afectivos da aprendizagem. A aprendizagem afectiva envolve a referência a "valores, atitudes e comportamentos" específicos que activam as sintonias afectivas e emocionais do aprendente em relação à aprendizagem. O estado emocional dos alunos, a forma como se relacionam ou compreendem as emoções dos outros, bem como as suas emoções em relação a objectivos mais elevados para a sustentabilidade do mundo, fazem parte deste processo. Isto pode ser integrado nos estudos de caso, nos projectos, nos trabalhos ou no diálogo com os colegas, que aguçam a sua maturidade emocional e afectiva (ibid), para além dos conhecimentos académicos.

A integração no currículo é um dos principais requisitos para o sucesso deste objetivo, em que os resultados cognitivos devem ser sempre acompanhados de resultados afectivos (ibid). A aprendizagem de serviços à comunidade, a educação para a diversidade e as actividades artísticas fazem parte das actividades que também podem suscitar resultados afectivos (ibid).

Elias e Moceri (2012) salientam que a ASE deve ser integrada no currículo e que deve haver um consenso geral, em que o envolvimento e a aprendizagem não podem ser alcançados sem resultados afectivos, sociais e académicos. Elias e Moceri também discutem a importância de uma comunicação adequada para o plano de implementação que afecta em grande medida a sua aceitação.

A ASE pode ser alcançada em conjunto com a educação para o carácter (Character, 2010), tal como referido anteriormente, que consiste em promover um "ambiente de aprendizagem positivo" para que os alunos melhorem o seu estado de espírito e estejam mais preparados para estudar.

5.3 Conclusões finais

Como salientado por Peter Senge (2009), as empresas que sobreviverão nesta era são as que cumprem objectivos futuros e mundiais sustentáveis em vez de objectivos financeiros e vazios a curto prazo. As empresas devem aplicar uma liderança regenerativa para servir a maioria da quota de mercado e melhorar a imagem, o desempenho, a diferenciação e reduzir o desperdício e as ineficiências (ibid). Isto só pode ser conseguido através do envolvimento das partes interessadas em metas e objectivos que sirvam tanto as aspirações futuras como as presentes do mundo (ibid).

Uma vez que o principal objetivo deste estudo é formular um plano de qualidade sustentável para a ES que satisfaça as expectativas, a cultura, os costumes, as tradições e as necessidades ecológicas dos estudantes (Lawson e Lawson, 2013), bem como as necessidades contemporâneas da sociedade e da economia, moldadas por uma dura concorrência e sustentabilidade através da inovação (Senge, 2012); É igualmente importante introduzir a criatividade, a liderança e a aprendizagem social e emocional como um plano de CI, TQM, que se baseia nas estruturas e culturas existentes e aborda a mudança como uma "mentalidade" ou "viagens de um dia para jornadas de exploração", em vez de uma introdução dura destes conceitos que poderia perder a essência e o objetivo deste objetivo de evolução gradual (Unwin , 2005).

Lawson e Lawson (2013) argumentam que a educação sexual é um dos principais objectivos das instituições de ensino que colmatam a lacuna entre "a motivação dos estudantes e os resultados da aprendizagem", portanto, os currículos. A ES é caracterizada por estados ecológicos, socio-psicológicos, culturais, afectivos, emocionais, cognitivos e comportamentais (Goleman e Senge, 2014; Lawson e Lawson, 2013) que afectam e determinam o nível de concentração e energia dedicado pelos estudantes à aprendizagem e ao acesso ao conhecimento (ibid).

5.4 . Limitações

A literatura sobre criatividade, liderança, temas socioculturais, psicológicos e de identidade nacional que podem ser aplicados no contexto empresarial e do ensino superior no Médio Oriente, nos países do Golfo e, especificamente, no Qatar é muito limitada. Esta investigação é uma introdução pró-ativa e ambiciosa aos conceitos de criatividade, liderança e SEL no Qatar e na região.

Culturalmente, a exposição de questões sociais, emocionais e cognitivas parece ser suprimida na região do Golfo, as pessoas até temem a globalização e as questões de identidade (Abdelhady et al., 2012). Por este motivo, ao responderem ao questionário desta tese, os alunos podem ter exagerado, intencionalmente ou não, em vez de serem realistas, quando questionados sobre questões emocionais, sociais e de criatividade.

Devido a um número limitado de palavras,

-       A teoria proposta poderia ser desenvolvida de modo a abranger outras variáveis, tais como a diferença entre os alunos provenientes de escolas nacionais e internacionais no Qatar, os GPA dos alunos, os antecedentes e as circunstâncias familiares, o nível social, o desenvolvimento infantil, o bem-estar físico, a saúde mental ...

-       O questionário tinha de ser suficientemente amplo para abranger todos os modelos e suficientemente conciso para manter os alunos motivados para o preencher, o que pode ter afetado a sua exaustividade.

-       Uma entrevista qualitativa teria sido útil para compreender as causas subjacentes ao baixo nível de educação sexual na perspetiva dos estudantes

5.5 Direção da investigação futura

Este estudo convida à realização de mais investigação sobre os currículos, os resultados da aprendizagem e o rigor e equilíbrio entre os resultados académicos e afectivos no sector do ensino superior no Qatar. Aconselha-se igualmente a revisão dos processos através dos quais os planos de

TQM e de melhoria contínua (CI) são definidos, comunicados e aplicados.

Deve ser efectuada investigação sobre o nível de criatividade, a IE e a liderança dos estudantes do Qatar e de outros países, bem como sobre o seu impacto nos seus GPA e desempenho nas escolas e universidades.

As abordagens da família e dos prestadores de cuidados à criatividade, à liderança e à IE no desenvolvimento da primeira infância no Qatar também devem ser abordadas.

Devem também ser investigados estudos sobre os actuais regulamentos, políticas, estruturas e culturas que afectam o nível de criatividade, liderança e níveis de IE nas instituições de ensino.

A identidade nacional, as comunicações e a liderança no Qatar também devem ser revistas para ver se promovem uma visão, valores, crenças e objectivos partilhados, claros, bem comunicados, articulados e acordados.

Deve ser feita mais investigação sobre a saúde física, mental e emocional e o bem-estar dos residentes e a sua relação com o nível de empenhamento na vida e na aprendizagem.

Contagem de palavras 16,470

Referências

Abdelhady, D., Aldabbagh, M. & Gargani, G., 2012. *Relatório de Actas. Workshop da Reunião de Investigação do Golfo*. Cambridge, Reino Unido, Escola de Governo do Dubai.

Achouwi, M. et al., 2010. ^J*1I eA*-M UL ^J ^yi 3-i^The Constraints of Creativity within the Arab Universities. № ^'-UJoumal of Psychological Studies, 20(4), p. 326 555.

Al-Karasneh, S. & Jubran, A., 2013. Classroom Leadership and Creativity: A Study of Social Studies and Islamic Education Teachers in Jordan [Um Estudo de Professores de Estudos Sociais e Educação Islâmica na Jordânia]. *Creative Education,* 4(10), pp. 651-662.

Al-Thani, S. J. et al., 2014. Desenvolver, implementar e melhorar a avaliação dos resultados da aprendizagem no ensino superior público do Qatar. *Revista de Investigação em Educação do Próximo e Médio Oriente,* Número 3, pp. 2-11.

Argia, H. & Aziah, I., 2013. A Influência da Liderança Transformacional no Nível de TQM. *Estudos do Ensino Superior, Publicado pelo Centro Canadiano de Ciência e Educação,* 3(1), p. 136.

BAKER, D. & BAKER, S., 2012. To "Catch the Sparkling Glow" A Canvas for Creativity in the Management Classroom [Apanhar o brilho cintilante]. *Academy of Management Learning & Education,* 11(4), pp. 704-721.

Bernardo, M. A. C., Butcher, J. & Howard, P., 2014. A liderança do envolvimento entre a universidade e a comunidade:conceptualizando a liderança no envolvimento da comunidade no ensino superior. *Revista Internacional de Liderança em Educação: Teoria e Prática,* 17(1), p. 103-122.

Brackett, M. et al., 2012. Avaliar as crenças dos professores sobre a aprendizagem social e emocional. *Journal of Psychoeducational Assessment,* 30(3), p. 219-236.

Brown, T. 2006. *Confirmatory fator analysis for applied research*. Nova Iorque: Guilford.

Brown, A., Rich, M. & Holtham, C., 2013. Envolvimento e aprendizagem dos estudantes: Case study of a new module for business under graduates at Cass business school. *Journal of Management Development,* 33(6), pp. 603-619.

Brundrett, M., 2007. Educação 3-13: Liderança e criatividade. *International Journal of Primary, Elementary and Early Years Education,* 32(1), pp. 72-76.

Bryman, A. & Bell, E., 2007. *Business Research Methods.* segunda edição ed. Oxford : Oxford University Press .

CASEL, 2014. *Competências essenciais de aprendizagem social e emocional.* Estados Unidos da

América. Disponível em: http://www.casel.org/social-and-emotional-learning/core- competencies [Acedido em 29 de julho de 2014].

Carácter, 2010. *11 Princípios para uma educação eficaz do carácter: Revisão de 2010: A Quadro para o sucesso escolar.* Estados Unidos da América. Disponível em de: http://www.character.org/wp-content/uploads/2011/12/ElevenPrinciples new2010.pdf [Acedido em 29 de julho de 2014].

Childers, C., Williams , K. & Kemp , E., 2014. Emoções na sala de aula: Examinar os factores ambientais e a satisfação dos alunos. *Journal of Education for Business,* Volume 89, pp. 7-12.

Cobo, C., 2012. Competências para a inovação: perspetivar uma educação que prepare para um mundo em mudança. *The Curriculum Journal ,* 24(1), pp. 67-85.

Collard, P. & Looney, J., 2014. Nutrir a criatividade na educação. *Jornal Europeu da Educação,* 49(3), pp. 348-364.

Daggett, W., 2014. O Sistema Daggett para uma Instrução Eficaz Onde a Investigação e as Melhores Práticas se Encontram. *Centro Internacional de Liderança em Educação.*

Davies , B. & Brighouse, T., 2010. Passionate leadership. *Gestão na Educação,* 24(1), pp. 4-6.

Draper, N.R. & Smith, H. 1998. *Applied Regression Analysis* (3ª ed.). John Wiley.

de Jong, J., 2013. A Decisão de Explorar Oportunidades de Inovação:Um Estudo de Proprietários de Pequenas Empresas de Alta Tecnologia. *ET&P.*

Dixon, T., 2012. Educar as emoções de Gradgrind a Goleman. *Documentos de Investigação em Educação,* 27(4), p. 481-495.

Eagle , L. & Brennan, R., 2007. Os estudantes são clientes? Uma perspetiva de TQM e de marketing. *Garantia da Qualidade na Educação,* 15(1), pp. 44-60.

Ecclestone, K., 2012. Do bem-estar emocional e psicológico à educação do carácter: desafiar os discursos políticos da ciência comportamental e da "vulnerabilidade".

Documentos de Investigação em Educação, 27(4), p. 463-480.

Elias , M. & Moceri, D., 2012. Desenvolver os aspetos sociais e emocionais da aprendizagem: a experiência americana. *Cadernos de Investigação em Educação,* 27(4), p. 423-434.

Elias , M. & Moceri, D., 2012. Desenvolver os aspetos sociais e emocionais da aprendizagem: a experiência americana. *Cadernos de Investigação em Educação,* 27(4), p. 423-434.

Ezani Mat Hassan , M., Nordin , M., Nur Atiqah , A. & Adhamd, K. A., 2011. VALORES ISLÂMICOS, LEGITIMIDADE DA LIDERANÇA E SUSTENTABILIDADE ORGANIZACIONAL. *Revista Internacional de Economia, Gestão e Contabilidade,* 19(2), pp. 169186.

Fall, L. et al., 2013. Apreensão da Comunicação Intercultural e Inteligência Emocional no Ensino Superior: Preparing Business Students for Career Success. *Business Communication Quarterly,* 76(4), p. 412-426.

Freedman, J., Morrison, J. & Olsson, A., 2010. *LEADERSHIP SUCCESS AND EMOTIONAL INTELLIGENCE IN THE MIDDLE EAST,* Dubai: White Paper, Leaders in the United Arab Emirates, Emotional Intelligence, and Success.

Garrett, C., 2013. Promover o envolvimento e a criatividade dos alunos através da infusão da arte no currículo: A Iniciativa de Integração das Artes na Universidade da Cidade de Oklahoma. *About Campus ,* 12 de junho, 18(2), pp. 27-32.

Secretariado-Geral do Planeamento do Desenvolvimento, 2010. *Bem-estar das crianças no Qatar.*

Qatar. Disponível em:

http://www.gsdp.gov.qa/portal/page/portal/gsdp_en/knowledge_center/Tab2/Child%2_0Well-being-English.pdf [Acedido em 29 de julho de 2014].

Secretariado-Geral para o Planeamento do Desenvolvimento, 2011. *Desenvolvimento nacional do Qatar*

Estratégia 2011-2016: Towards Qatar National Vision 2030. Qatar. Disponível em: http://www.gsdp.gov.qa/gsdp vision/docs/NDS EN.pdf [Acedido em 20 de julho de 2014].

Gibbert, M. & Scranton, P., 2009. Constrangimentos como fontes de inovação radical? Insights do desenvolvimento da propulsão a jato. *MANAGEMENT & ORGANIZATIONAL HISTORY,* 4(4), p. 385-399.

Goleman, D. 1995. Inteligência emocional. Porque é que pode ser mais importante do que o QI. Novo

York, NY:Bantam Books.

Goleman , D., 2014. Liderando para o longo futuro. *Leader to Leader - Fórum Executivo,* primavera , pp. 34-39.

Goleman , D. & Senge, P., 2014. O Foco Triplo: Repensando a Educação Regular. *Reflexões,* Volume 14, Número 1, pp. 31-34.

Goleman, D., Boyatzis, R. & McKee, A., 2009. Primal Leadership. *Leadership Excellence ,* outubro, pp. 9-10.

Gumusluoglu , L. & Ilsev, A., 2009. Transformational leadership, creativity, and organizational innovation. *Journal of Business Research,* Volume 62, p. 461-473.

Hair. J.F., Black, W.C., Babin, B.J., Anderson, R. E., & Tatham, R.L.(2006).

Multivariate data analysis (6th ed.) NJ: Pearson Prentice Hall.

Harding, T., 2010. Fostering Creativity for Leadership and Leading Change". *Arts Education Policy Review,* 8 de agosto, p. 51-53.

Harms, P. D. & Crede, M., 2010. Emotional Intelligence and Transformational and Transactional Leadership: A meta-analysis. *Journal of Leadership & Organizational Studies ,* 5(1), pp. 5-17.

Harrison, J., 2011. Instructor Transformational Leadership and Student Outcomes. *Emerging Leadership Journeys, Escola de Liderança Global e Empreendedorismo da Universidade Regent,* 4(1), pp. 82-136.

Hart, P., Bridgeland, J., Bruce , M. & Hariharan, A., 2013. *THE MISSING PIECE : A National Teacher Survey on How Social and Emotional Learning Can Empower Children and Transform Schools,* EUA: Civic Enterprises.

Hassan, M. E. M., Muhamad, N., Abdullah, N. A. & Adhamd, K. A., 2011. VALORES ISLÂMICOS, LEGITIMIDADE DA LIDERANÇA E SUSTENTABILIDADE ORGANIZACIONAL. *Revista Internacional de Economia, Gestão e Contabilidade,* 19(2), pp. 169-86.

Higgins , M. & Suhomlinova , O., 2012. *Orientações para a dissertação.* Leicester : Não publicado.

Secretariado Internacional da Educação - Organização das Nações Unidas para a Educação, a Ciência e a Cultura

Organização Cultural, 2010. Suíça. Disponível em:

http://www.ibe.unesco.org/fileadmin/user upload/Publications/WDE/2010/pdf- versions/Qatar.pdf [Acedido em 29 de julho de 2014].

Jogulu, U., 2010. Culturally-linked leadership styles. *Leadership & Organization Development Journal,* 31 (8), pp. 705-719.

Khasawneh, S., Omari, A. & Abu-Tineh, A., 2012. The Relationship between Transformational Leadership and Organizational Commitment: O caso dos professores de ensino profissional na Jordânia. *Educational Management Administration & Leadership,* 40(4), p. 494-508.

Lane, T. & Perozzi, B., 2014. O envolvimento dos estudantes e as uniões universitárias. *NEW DIRECTIONS FOR STUDENT SERVICES, n.º 145,* primavera , pp. 27-37.

Lawson, M. & Lawson, H., 2013. Novos quadros conceptuais para a investigação, a política e a prática do envolvimento dos estudantes. *Revisão da Investigação Educacional,* 83(3), p. 432-479.

Leicester, 2011. *Gestão da qualidade total.* 1 ed. Grã-Bretanha: Serviços de Impressão, Universidade de Leicester.

Lo, M.-C., Ramayahb, T. & de Run, E. C., 2010. Does transformational leadership style foster commitment to change? O caso do ensino superior na Malásia. *Procedia Social and Behavioral*

Sciences, Volume 2, p. 5384-5388.

Lucas, B., Claxton , G. & Spencer, E., 2012. *Progressão na criatividade: Desenvolver novas formas de avaliação. Documento de referência para a conferência da OCDE "Educating for Innovative Societies",* Winchester, Inglaterra: Centro para a Aprendizagem no Mundo Real, Universidade de Winchester.

Marique , G. et al., 2012. A Relação entre o Suporte Organizacional Percebido e o Comprometimento Afetivo: Uma Perspetiva de Identidade Social. *Group & Organization Management ,* 38(1), p. 68-100.

Mason, C., Griffin, M. & Parker, S., 2014. Desenvolvimento da liderança transformacional: Connecting psychological and behavioral change. *Leadership & Organization Development Journal* , 35(3), pp. 174-194.

McCormick , A., Gonyea , R. & Kinzie, J., 2013. Refrescar o envolvimento: NSSE aos 13 anos. *Change: The Magazine of Higher Learning,* maio, junho , pp. 6-14.

McManus, T. E., 2014. Sonhos, visões e valores na educação empresarial fundamental. *Journal of Management Development,* 33 (1), pp. 32-47.

Men, L. R., 2014. Porque é que a liderança é importante para a comunicação interna: Linking Transformational Leadership, Symmetrical Communication, and Employee Outcomes. *Journal of Public Relations Research,* Volume 26, p. 256-279.

Middlecamp, C. H., 2005. A Arte do Envolvimento. *Prática. Departamento de Química, Universidade de Wisconsin-Madison,* pp. 17-20.

Morris, A., Urbanski, J. & Fuller, J., 2005. UTILIZAR A POESIA E AS ARTES VISUAIS PARA DESENVOLVER A INTELIGÊNCIA EMOCIONAL. *JOURNAL OF MANAGEMENT EDUCATION,* 29(6), pp. 888-904.

Munakata, M. & Vaidya, A., 2013 . Fomentar a criatividade através do ensino personalizado. *PRIMUS: Problemas, Recursos e Questões em Estudos de Graduação em Matemática,* 23(9), p. 764-775.

Neophytou, L., 2013. Inteligência emocional e reforma educativa. *Revista de Educação,* 65(2), pp. 140-154.

Neophytou, L., 2013. Inteligência emocional e reforma educacional. *Educational Review,* 65 (2), p. 140-154.

Noddings, N., 2013. Currículo padronizado e perda de criatividade. *Theory Into Practice,* Volume 52, pp. 210-215.

Oliver , P. et al., 2011. Antecedentes ambientais da família do adolescente para o potencial de liderança transformacional: A longitudinal mediational analysis. *The Leadership Quarterly,* Volume 22, pp. 535-544.

Pope , D., Roper , C. & Qualter, P., 2012. A influência da inteligência emocional no progresso e nos resultados académicos dos estudantes universitários do Reino Unido. *Assessment & Evaluation in Higher Education, 37(8),* p. 907-918.

Posner , B., 2012. Medir eficazmente a liderança dos estudantes. *Ciências Administrativas, Escola de Negócios Leavey, Universidade de Santa Clara, EUA,* 2(4), pp. 221234.

Posner, B., 2009. Understanding the learning tactics of college students and their relationship to leadership (Compreender as tácticas de aprendizagem dos estudantes universitários e a sua relação com a liderança). *Leadership & Organization Development Journal,* 30 (4), pp. 386-395.

Universidade do Qatar, 2011. *Relatório do inquérito aos antigos alunos da QU 2011: Estudantes que se formaram*

Entre o outono de 2009 e a primavera de 2010: Resultado de um inquérito telefónico. Catar. Disponível em

de:

http://www.qu.edu.qa/offices/oipd/institutional research/documents/Alumni/Alumni S

pesquisa 2011 11-9-2011 18 de setembro de 2011 1   1 .pdf [Acedido em 29 de julho de 2014].

Universidade do Qatar, 2011. *Relatório Anual de Eficácia Institucional (2010-2011):*

Preparado por: Comité de Eficácia Institucional. Catar. Disponível em:

http://www.qu.edu.qa/offices/oipd/planning/documents/Insis%20Effectiveness/Report

/Institutional Effectiveness Annual Report Nov 2011-after EMC-Final.pdf [Acedido em 29 de julho de 2014].

Universidade do Qatar, 2012. *Relatório do inquérito aos empregadores de 2012: Gabinete de Relações Institucionais*

Planeamento e Desenvolvimento, Departamento de Investigação Institucional. Catar. Disponível em: http://www.qu.edu.qa/offices/oipd/institutional research/documents/employer survey /employer survey 2012.pdf [Acedido em 29 de julho de 2014].

Universidade do Qatar, 2012. *Relatório do inquérito nacional sobre o empenhamento dos estudantes (NSSE)*

primavera de 2008-2009. Disponível em:

http://www.qu.edu.qa/offices/oipd/institutional_research/documents/NSSE_Executive_Summary2--final_2.pdf [Acedido em 29 de julho de 2014].

Universidade do Qatar, 2013. *^jLJi J.Behavioral Change*. Khalifa B. Qatar. Disponível em: http://www.qu.edu.qa/offices/er/media/radio_program.php?topic_id=242 [Acedido em 29 de julho, 2014].

Universidade do Qatar, 2014. *Plano Estratégico da Universidade do Qatar 2013-2016*. Qatar. Disponível em:

http://www.qu.edu.qa/offices/oipd/planning/documents/QU_Plano_Estratégico_20132016_ENG.pdf.pdf [Acedido em 29 de julho de 2014].

Universidade do Qatar, 2014. *Auto-desenvolvimento: Adjusting to College*. Qatar. Disponível em: http://www.qu.edu.qa/students/services/scc/e-_resources/adjusting_to_college.php [Acedido em 29 de julho de 2014].

Universidade do Qatar, 2015. *Relatório Anual de Eficácia Institucional 2012-2013*.

Disponível em: http://www.qu.edu.qa/offices/oipd/planning/ie_framework.php [Acedido em 9 de maio de 2015].

Universidade do Qatar, 2015. *Gabinete de Planeamento e Desenvolvimento Institucional*. Disponível em: http://www.qu.edu.qa/offices/oipd/index.php [Acedido em 3 de junho de 2015].

Universidade do Qatar, 2015. *Eficácia institucional*. Disponível em: http://www.qu.edu.qa/offices/oipd/planning/ie_framework.php [Acedido em 3 de junho de 2015].

Universidade do Qatar, 2015. *Resultados de aprendizagem dos estudantes da Universidade do Qatar*. Qatar.

Disponível em: http://www.qu.edu.qa/offices/vpcao/student_learning_outcomes.php [Acedido em 03 de junho, 2015].

Universidade do Qatar, 2015. *O Programa de Honra*. Qatar. Disponível em: http://www.qu.edu.qa/honors_program_ [Acedido em 03 de junho de 2015].

Universidade do Qatar, 2015. *Gabinete de Desenvolvimento de Docentes e Instrução*. Qatar.

Disponível em: http://www.qu.edu.qa/offices/ofid/ [Acedido em 03 de junho, 2015].

Conselho Superior de Educação, 2015. Estratégia da Secção de Educação e Formação. 20112016. Sumário executivo. Disponível em: http://www.sec.gov.qa/En/about/Documents/Stratgy2012E.pdf[Acedido em 04 de maio, 2015].

Rego , A., Sousa , F., Marques, C. & Cunha, M. P., 2012. O otimismo como preditor da criatividade dos colaboradores: O papel mediador do afeto positivo e do rácio de positividade. *EUROPEAN JOURNAL OF WORK AND ORGANIZATIONAL PSYCHOLOGY,* 21 (2), p. 244-270.

Sanderse, W., 2013. O significado da modelagem de papéis na educação moral e de carácter. *Revista de Educação Moral,* 42(1), p. 28-42.

Sawyer, K., 2012. *Explicando a Criatividade: A Ciência da Inovação Humana.* 2 ed. EUA: Oxford University Press.

Senge, P., 2009. A Revolução Necessária. *Leaders to Leaders - Fórum Executivo,* inverno, pp. 24-28.

Senge, P., 2012. Criar escolas para o futuro e não para o passado para todos os alunos. *Leader to Leader,* verão, pp. 44-49.

Shephard, K., 2008. Ensino superior para a sustentabilidade: procurar resultados de aprendizagem afectivos. *Ensino Superior para a Sustentabilidade,* 9(1), pp. 87-98.

Shephard, K., 2008. Ensino superior para a sustentabilidade: procurar resultados de aprendizagem afectivos. *Revista Internacional de Sustentabilidade no Ensino Superior,* 9(1), pp. 8798.

Sisk, D., 2014. Otimizar a criatividade. *Gifted Education International,* 30(2), p. 148159.

Sternberg, R., 2006. Um modelo de liderança educacional: Sabedoria, inteligência e criatividade, sintetizadas. *Revista Internacional de Liderança em Educação: Teoria e Prática,* 8(4), p. 347-364.

Sternberg, R., 2013. Estilos de liderança para administradores académicos: What works when? *Change: A Revista do Ensino Superior,* 05 Set, pp. 24-27.

Stigler, S., 1989. Francis Galton's Account of the Invention of Correlation. *Statistical Science. Volume 4, Número (2),* pp. 73-86.)

Stokoe , E., Benwell , B. & Attenborough, F., 2013. Estudantes universitários gerem o envolvimento, a preparação, o conhecimento e o sucesso: Evidências interaccionais de contextos institucionais, domésticos e virtuais. *Aprendizagem, cultura e interação social,* n.º 2, pp. 75-90.

Tapsell, P. & Woods, C., 2010. Empreendedorismo social e inovação: A auto-organização num contexto indígena. *Entrepreneurship & Regional Development,* 22(6), p. 535-556.

Trowler, V., 2013. Práticas de liderança para o envolvimento dos alunos em condições difíceis. *Perspectivas: Política e Prática no Ensino Superior,* 17(3), pp. 91-95.

Universidade de Leicester, 2012. *Inovação para Gestores.* 1 ed. Grã-Bretanha: Print Services.

Unwin , S., 2005. Business, Science, Art and the Mindset for Excellence. *Gestão da Qualidade Total,*

16(8), p. 1031-1040.

Visser, B., Ashton , M. & Vernon, P., 2006. Beyond g: Putting multiple intelligences theory to the test. *Intelligence ,* Volume 34, p. 487-502.

Vivian Tang, H.-W., Yin, M.-S. & Nelson, D., 2010. A relação entre inteligência emocional e práticas de liderança. *Journal of Managerial Psychology,* 25(8), pp. 899-926.

Whisman, R., 2009. Marca interna: o ativo intangível mais valioso de uma universidade. *Journal of Product & Brand Management,* 18(5), p. 367-370.

Cimeira WISE, 2014. Sobre. Disponível em: http://www.wise-qatar.org/education- summit-doha [Acedido em 09May, 2015].

Centro de Inteligência Emocional de Yale, 2013. RULER: As emoções são importantes. Unidos

Estados Unidos da América. Disponível em: http://ei.yale.edu/ruler/[Acedido em 14 de maio de 2015].

Zarif , M. M. M., Nizah, M. A. M., Ismail, A. & Mohamad, A., 2013. Criando uma sociedade muçulmana criativa e inovadora: Bid'ah como uma abordagem. *Ciência Social Asiática,* 9(11), pp. 121-127.

Zepke, N. & Leach, L., 2010. Melhorar a participação dos estudantes: Dez propostas de ação. *Active Learning in Higher Education,* 11(3), p. 167-177.

Zhou, J. et al., 2013. A Cross-Cultural Comparison: Teachers' Conceptualizations of Creativity. *Creativity Research Journal,* 25(3), p. 239-247.

I want morebooks!

Buy your books fast and straightforward online - at one of world's fastest growing online book stores! Environmentally sound due to Print-on-Demand technologies.

Buy your books online at
www.morebooks.shop

Compre os seus livros mais rápido e diretamente na internet, em uma das livrarias on-line com o maior crescimento no mundo! Produção que protege o meio ambiente através das tecnologias de impressão sob demanda.

Compre os seus livros on-line em
www.morebooks.shop

MIX
Papier aus verantwortungsvollen Quellen
Paper from responsible sources
FSC® C105338
www.fsc.org

Printed by Books on Demand GmbH, Norderstedt / Germany